에게

드립니다

년 월 일

헤매고

넘어지고

뒤집기

헤매고 넘어지고 뒤집기

고정관념을 뒤집는

코칭 전문가 기우정의 감성수업

기우정 지음

모아북스
MOABOOKS

서문

살면서 가장 보람되고 행복했던 순간이 있었다.

그저 내 할 일 하면서 평범하게 살아왔다고 생각했는데, 누군가 '당신이 내 삶을 변화시켰습니다', '당신 때문에 내 자신을 사랑할 수 있게 되었습니다.', '상상할 수조차 없는 일이 현실이 되었어요, 감사합니다!' 라며 인사를 해올 때, 그 감동은 말로 표현하기 힘들다. 만약 누군가의 삶이 긍정적으로 바뀌는 데 내가 어떤 역할을 했다면 보다 많은 사람들을 변화시키고 싶었다. 그것이 내가 본격적으로 코칭을 공부하게 된 동기다.

1987년, 모 조직의 부문장으로 발령을 받고 근무를 시작했다. 흔히 '감정노동자'라 불리는 고객상담 업무를 하는 콜센터 직원들을 관리하는 직책이었다. 콜센터 직원이라고 하면 이직률이 가장 높은 직종이었으며 내가 소속된 조직도 마찬가지였다. 직원들은 반복되는 업무와 스트레스로 활기라고는 조금도 찾아볼 수 없었다.

하루의 절반을 보내는 회사 생활, 그곳에서 의미를 찾지 못하면 그 사람은 그저 월급이나 타기 위해 출근하는 '돈 버는 기계'로 전락하고 만다. 그렇게 사는 사람이 집에 돌아가서는 행복할까? 그렇지 않다. 회사 생활은 고스란히 가정으로 이어진다. 무기력하고, 피곤하고, 우울하고…….

뭔가 근본적이고 체계적인 변화가 필요했다. 하지만 변화는 혼자의 힘으로는 해결되지 않는다. '101번째 원숭이' 이야기에서 알 수 있듯이, 100마리의 원숭이가 변화해야 비로소 101번째의 모든 원숭이가 변화한다. 모두가 변화하려면 먼저 한 사람부터 차근차근 변화할 필요가 있었다.

변화의 시작으로, 나는 직원들을 대상으로 '아침편지'를 써서 날마다 이메일을 보내기 시작했다. 처음에는 '이게 뭐지?' 하고 어리둥절해 하던 직원들이 시간이 지나면서 점점 익숙해지더니, 하나둘씩 내게 답장을 보내왔다. 그 답장이 나에게는 큰 힘과 격려가 되었고, 그 덕에 하루도 빠짐없이 아침편지를 쓸 수 있었다.

그런데 어느 순간, 편지 쓰는 일이 부담스러워졌다. 출장으로 자리를 비운다거나 업무가 밀려 있거나 혹은 건강이 안 좋아 쉬고 싶어도 아침편지를 거를 수 없다는 생각에 억지로 쓰기도 했다. 그렇게 쓴 아침편지는 한눈에 봐도 무성의하고 형식적이었다. 내가 즐겁지 않은데 어떻게 즐겁고 활기찬 편지를 쓸 수 있겠는가.

그래서 마음을 바꿔 먹었다. 어쩌다 아침편지를 빼먹을라치면 그 사정을 미리 말하거나 그 다음번 편지에 쓰면 될 일이었다. 그렇게 마음을 바꾸니 훨씬 가볍고 스트레스가 없어졌다. 그런데 정말 재미있는 건, 내가 편지를 빼먹은 날은 오히려 내 이메일 수신함이 꽉 찼다. 혹시 편찮으신 거냐, 안 좋은 일이 있는 건 아니냐, 아침 편지 읽는 재미로 회사 생활이 즐거웠는데 오늘은 편지가 없어서 서운했다.

오늘은 제가 아침편지를 보내드리겠다 등 직원들마다 각양각색의 메일을 보내왔다. 고민을 상담하는 사람, 꿈에 대해 의논하는 사람, 가족사 때문에 고민하는 사람, 진로와 승진 문제로 갈등하는 사람들이 마음을 열고 다가왔다.

그들의 작은 변화를 바라보면서, 본격적인 성장의 토대를 마련하기로 마음먹었다. 그리고 곧바로 코칭 공부를 시작했다.

본격적인 코칭이 이루어지면서 눈에 띄는 변화가 시작되었다. 형식적이고 마지못해 하던 회의나 발표가 적극적인 의견 교류의 장이 되었고, 그저 월급 받기 위해 다니던 회사가 '소중한 삶의 터전'으로 바뀌었다. 남을 돌보거나 칭찬하는 데 인색하던 조직문화가 소통과 교류를 중시하는 문화로 바뀌었다. 직원들은 2인 3각 게임의 멤버들처럼 한 걸음, 한 걸음 호흡을 맞추며 나아갔다. 그러면서 자연스럽게 업무 태도와 성과도 급속도로 향상되었다. 나는 '일하는 법'에 대해 말한 적이 없고 '열심히 일하라'고 한마디 꺼낸 적도 없다. 그러나 놀라운 변화가 일어났다. 그것은 내가 일으킨 게 아니라 개개인이 스스로 만들어낸 것이었다.

이러한 변화가 외부로 알려지면서 우리 회사를 찾는 외부인의 발길이 잦아졌다. 성공한 모범사례로 삼아 우리 회사를 벤치마킹하려는 사람들이 점점 많아진 것이다. 그리고 나에게 강의를 요청하는 기업들도 생겨났다. 사람들은 조직의 변화를 이끈 나의 노하우를 궁금해 했다.

'2010년 한국콜센터기술컨퍼런스'에서 나는 "2010년 베스트센터장상"을 받았다. 내겐 더없이 영광스럽고 자랑스러운 상이다. 수상을 자랑하려는 게 아니라, 그 상이 주는 의미가 남다르기 때문이다. 사실 나는 이 상을 받게 되리라고는 상상도 못했다. 대회가 있기 며칠 전 수상 소식을 미리 전달 받고 고개를 갸우뚱했다. 상을 받게 돼 기분 좋다는 마음보다는, 도대체 내가 어떻게 해서 베스트센터장상을 받게 된 건지 그것이 궁금했다.

나중에 알고 보니, 우리 조직 구성원들이 나 모르게 추천을 했던 것이다. 내가 센터장으로 부임한 뒤 2년 동안 센터의 변화를 지켜보던 직원들이 자발적으로 추천서를 작성해 제출했다고 한다. 하지만 이미 베스트센터장상은 내정이 된 상태였다. 난감한 상황이었다.

주최 측에서는 우리 직원들과 직접 인터뷰하고 사실 여부를 조사한 뒤, 마침내 결정을 번복하여 내게 '2010년 베스트센터장상'을 주었다. 꿈꿔왔던 이상향을 실현한 센터장으로 인정을 받은 셈이다.

그리고 2012년에는 한국콜센터기술컨퍼런스에서 조직운영 성공사례를 발표하는 영광까지 주어졌다. 나는 그 자리에서, 내가 전주에 발령을 받고 와서 조직원들을 위해 한 일들을 사례 중심으로 발표했다. 그 기조연설이 있은 후 각계의 관심이 집중되었다. 전주에 있는 중소기업은 물론이고 서울의 유명 대기업까지, 우리 회사의 사례를 벤치마킹의 대상으로 삼았다.

사람들은 나에게 조직의 변화를 이끈 노하우에 대해 물었다. 그러나 노하우라고 할 게 없었다. 뭔가 변화를 이끈 건 내가 아니었기 때문이었다. 무슨 일이든 강요를 통해 완성되는 것은 없다. 스스로 알아가는 것, 깨닫고 그것을 행동으로 옮길 때 변화가 일어난다.

나는 단지 직원들에게 '지금 하고 있는 자신의 일이 어떤 의미인가?' 하고 질문했을 뿐이다. 그런데 직원들은 질문의 답을 생각하다가, 자신이 하고 있는 일에 대한 감사함을 깨달았다. 몇 명씩 그룹을 이뤄, 그룹 내에서 질문하고 스스로 답을 찾는 방식으로 진행을 할 때도 있었다. 신기한 것은, 사람들은 대개 자신의 문제점이 무엇인지 알고 있었으며, 그 해결방안까지도 잘 알고 있었다. 다만 그것을 인정하기 힘들어할 뿐이었다. 본인이 어떻게 성장할 것인지, 성장 방향을 스스로 찾아가도록 하는 것이 제대로 된 코칭이라고 할 수 있다.

경험을 통해 안 것은 변화가 확대 재생산되기 위해서는 적어도 3년이 걸린다는 것이었다. 1, 2년 만으로는 '변화'가 풍토로 정착할 수 없다. 그만큼 오랜 기간 동안 노력을 쏟아 부어야 스스로 재생산할 수 있는 기반이 다져진다.

우리 조직에서는 팀장급뿐만 아니라 대리나 이제 갓 입사한 신입 사원까지 모두다 1년에 한 번 우리만의 TED를 통하여 한 번쯤은 강단에 서서 강연을 할 기회를 갖었다. 처음에서 긴장하고 떨려서 자신이 무슨 말을 했는지 정신이 하나도 없겠지만, 두 번 세 번 횟수를 거듭하면서 강연에 대한 두려움이 없어진다. 그리고 그만큼 성장한 자신의 모습과 만나게 된다.

우리 회사 건물을 청소해 주시던 이모님 중 한 분은, 처음에는 단순히 청소를 하기 위해 입사를 했지만 곁에서 지켜보던 이들의 권유로 강단에 설 기회를 갖게 되었다.

고등학교를 졸업 한 후 취업한 콜센터 직원 중 한 분은 아이 앞에 자랑스러운 엄마가 되기 위해 자격증 공부를 시작했다. 그 사례를 앞에 나와 발표할 때 보니 얼굴에서 환한 빛이 났다. 그 분은 바람대로, 자랑스러운 엄마가 돼 가고 있었다.

사내 분임토의 시간에 밀려서 강단에 서야 했던 막내가 다른 사람들의 칭찬에 힘입어 사내 강사가 된 것도 놀라운 발전이었다. 때로는 자리가 사람을 만든다고 하지 않던가. 강사의 자리에 올려놓으니 새내기 막내가 명강사가 되는 변화가 일어난 것이다.

코칭은 말로 이루어지는 게 아니라 마음을 움직일 대 비로소 이루어진다. 인사(人事)가 만사(萬事)라는 말이 있다. 사람의 마음을 움직여야 세상 일이 문제없이 잘 해결된다. 반대로, 사람의 마음을 잡지 못하면 하나에서 열까지 쉽게 풀리는 일이 없다. 그래서 나는 이 책에서 사람의 마음을 움직이는 코칭에 대해 써야겠다고 마음먹었다. 코칭을 통해 스스로의 변화와 성장을 만들어 가는 사람들의 이야기를 쓰고 싶었다.

부디 나의 진심이 잘 전달되어, 이 책을 통해 많은 사람이 스스로 성장하는 계기를 만들었으면 좋겠다. 책이 출간되기까지 많은 분들이 도움을 주셨다. 이내화성공전략연구소 대표님, 그리고 소중한 지인 및 가족들, 집필 기간 중 기도와 격려를 아끼지 않았던 아내와 성아, 예지, 동호 나의 아바타에게도 사랑한다는 말을 전한다.

2015년 5월

기우정

들어가며

예전에는 큰 것이 작은 것을 잡아먹었지만 요즘은 빠른 것이 느린 것을 잡아먹는다. 하루가 다르게 신기술이 발표되고, 시시각각 국제 정세가 미묘하게 변화한다. 하루만 뉴스를 보지 않아도 사람들과의 대화가 어려울 때도 있다. 한마디로, '아차!' 하는 순간 시대에 뒤떨어진 사람 취급을 받게 되는 것이다. 그만큼 속도가 중요한 시대에 우리는 살고 있다.

산업화로 인한 변화는 그간 '절대적' 이었던 시간을 '상대적' 으로 바꿔 놓았다. 예를 들어, 과거에는 1,000평의 논에 모내기를 하려면 동네 사람이 전부 모여 아침부터 저녁까지 일을 하고, 그것도 모자라 다음날까지 이어서 해야 했다. 하지만 지금은 기계 한 대만 있으면 2시간도 채 안 걸린다.

그렇다면 산업화로 인해 일하는 시간이 줄어든 만큼 나머지

시간이 여유로워졌을까? 천만의 말씀. 긴박한 속도감은 오히려 사람들의 숨통을 바짝 움켜쥐고 있다. 식사 후 한숨 돌릴 여유가 없을 정도로 사람들은 시간에 대한 긴박감을 가지고 살아간다. 쉴 새 없이 달리지 않으면 누군가 자신을 추월할 것 같은 불안감에 시달린다. 예전에는 인생의 1/3을 잠자는 데 쓰는 걸 당연하게 생각했지만, 요즘 사람들은 잠 자는 시간마저 아까워한다. 복잡한 세상에서 살아남으려면 경쟁을 피할 수 없기 때문이다.

나는 글을 시작하기에 앞서 세 가지 질문을 해볼까 한다.

첫째, 정말 살아남을 수 있다고 생각하는가?

이것은 매우 중요한 질문이다. 직장에 다니는 사람이든 자영업을 하는 사람이든 '언제까지 이 일을 할 수 있을까?' 에 대한 불안감을 안고 있다. 대한민국 국민의 평균 수명이 80세를 넘어섰으며 노후 의료비 지출이 높아짐에 따라, 적어도 60세까지는 직업을 갖고 돈을 벌어야 할 상황에 이르렀다.

그러나 현실은 어떠한가. 공무원을 제외한 대부분이 50세 전후에 직장에서 물러나고 있고, 이르게는 45세를 정년으로 명예퇴직을 강요하는 회사도 있다. 취업난에 시달리는 젊은이들을 위해 일자리를 내주고 물러나야 하는 게 아닌가 싶어 나이를 먹을수록 눈치를 보게 된다.

현실이 이렇다 보니 '정말 살아남을 수 있는가'에 대한 불안감이 커지고 있다. 평생직장은 고사하고 당장 한 치 앞을 내다보기 어렵다. 직장에 머무는 동안 노후 대비라도 잘해 놓으면 걱정이 덜할 텐데, 투잡 쓰리잡을 뛰어도 빡빡한 생활 앞에서 불안감은 더욱 커진다.

얼마 전 한 조사에 따르면, 직장인이 스스로가 생각하는 자신의 퇴직연령은 52세라고 한다. 그러나 그 중 82.8%는 "본인이 예상하는 퇴직 시기 전 구조조정 등을 이유로 급작스러운 퇴사를 당할 수도 있을 것"이라고 생각하는 것으로 나타났다. 다시 말해, 52세보다 일찍 퇴사당할 것 같다는 말이다. 특별한 전문성이나 기술이 없는 이상 언제든지 구조조정을 당할 수 있다는 불안감을 가지고 직장을 다니고 있는 것이다.

조직사회에서 살아남을 수 있을지 그것을 장담하긴 힘들지만, 어떻게든 살아남아야 한다는 것은 누구나 갖고 있는 절박함이다.

둘째, 과연 혼자만 살아남을 수 있을까?

'인간은 사회적인 동물이다' 라는 고전철학을 들먹이지 않아도, 인간에게 사회성은 본능에 가까운 성향이다. 조직 속에서 자신의 위치와 역할을 찾고, 그것을 잘 수행해 나갈 때 인간의 만족감은 높아진다. 경쟁자가 없을 때보다 적당한 경쟁 상태에서 긴장을 유지하고 있을 때 발전이 이루어진다.

인간에게 '사회' 가 얼마나 중요한 역할을 하는지, 우리는 카말라와 아말라 자매의 이야기를 통해 알 수 있다. 1920년 경 인도의 콜카타 근처에서 발견된 이 자매는 야생에서 늑대들과 자라면서 동물의 습성과 행동을 지니게 되었고, 인간 사회로 나온 이후에도 적응하지 못한 채 얼마 살지 못하고 죽고 말았다. 인간으로 태어났다고 해도 인간 사회에서 살아가지 못하면 결국 인간으로서의 삶을 살지 못하는 것이다.

인간 사회 중에서도 '조직' 은 특별한 부류의 그룹이다. 조직은 인간과 인간 사이의 긴밀한 관계를 유지시킨다. 조직 안에서 인간은 목표를 강화하고 의욕과 성취감을 얻는다. 그러면서 발전할 때 인간은 행복감을 느낀다.

그러나 조직에 속해 있으면서, 조직과 상관없이 자신의 성공만을 목표로 달려온 사람을 주변에서 가끔 볼 수 있다. 그런 사람들은 뉴스의 사회면을 장식하기도 한다. 기업의 비밀을 외부로 빼돌리거나 공금을 횡령하는 등 도덕적으로 옳지 않은 일을 서슴없이 저지른다. 동료들과 어울리지 못하고 손가락질을 받는 사람도 있다. 자신은 '성공' 이라고 철석같이 믿는 그것이 조직이 추구하는 방향과 맞지 않으면 그 사람은 조직 안에 존재할 수 없다. 결국 자신이 파 놓은 함정에 빠져 버린 셈이다.

사람은 태어나면서부터 숙명적으로 사회의 구성원이 된다. 즉 그 사회의 규범과 질서를 지키며 살아가야 한다. 자신이 조직에 속해 있고 그 안에서 성공을 꿈꾼다면 당연히 조직과 함께 살아남기 위해 고민해야 한다.

셋째, 조직과 살아남기 위해 어떻게 해야 하는가?

'칭찬은 고래도 춤추게 한다' 고 했다. 하물며 고래도 그러할진대 사람이야 당연한 일이 아니겠는가. 칭찬은 에너지를 불러일으키는 묘약 중의 묘약이다.

조직 속에서는 대개 성과를 통해서 칭찬을 받는다. 워커홀릭(workaholic)은 가정이나 다른 무엇보다 일이 우선인 사람들로, 성과에 집착한 안 좋은 사례라고 할 수 있다. 자존감을 회복하기 위해 자신의 일에 몰두하고, 그 결과로 특별한 성과를 낼 수 있다면 조직과 개인의 완벽한 조화로 평가를 받는다. 개인은 조직 속에서 일하면서 다른 구성원과 서로 접촉하는 가운데 매슬로(A. Maslow)가 말한 소속과 사랑의 욕구, 긍지와 존경의 욕구를 충족시키기도 한다.

그러나 조직 생활을 하면서 유독 힘들어하는 사람들이 있다. 경제적인 이유든 사회적인 이유든, 필요에 의해 조직에 소속돼 있으면서도 늘 마지못해 끌려가는 태도를 보인다. 무엇이 문제일까? 답은 의외로 간단하다. 주인공이 되지 못했기 때문이다. 조직에서의 활동이 마치 자신의 삶이 아닌 것처럼 한 발 떨어져, 수동적인 태도로 미적거린다면 당연히 재미없을 수밖에 없다. 반대로, 조직에서 적극적인 자세로 일하면서 긍정적인 평가를 받는다면 회사 일이 더없이 즐겁다.

그래서 흔히 '조직에서 리더가 돼라'고 말한다. 조직에서 리더는 몇몇으로 한정돼 있지만, 리더로서의 마음가짐을 갖고 일하면 주인공이 된 기분으로 일할 수 있다. 더불어 자신의 삶을 주도해 나가는 리더가 될 수 있다.

'말이 쉽지. 실제로 리더가 아닌데 어떻게 리더로서의 마음가짐을 가지란 말인가!' 하고 반감을 갖는 사람이 있을 것이다. 그래서 우리는 '조직과 함께 살아남기 위해 어떻게 해야 하는가?'

를 고민하고 공부하려는 것이다. 쉽지 않은 일이기에 노력해야 한다.

나는 이 책을 왜 쓰는가?

앞서 말한 것처럼, 나로 인해 누군가가 희망을 갖고, 감사한 마음을 갖고, 즐겁게 살아가는 것을 지켜보면서 더없이 행복했다. 비로소 내가 세상에 태어난 사명을 찾은 기분이라고나 할까. 보다 많은 사람과 대화하고 곁에서 도움을 주고 싶지만 그러기에는 한계가 있기에, 나는 이 책을 통해 많은 사람이 스스로 코칭을 하고 답을 찾아가는 방법을 알려주고 싶다.

사실 많은 사람들이 '힘들어요', '답답해요', '훌쩍 떠나고 싶어요' 하고 말하지만 정작 그 근원적인 이유에 대해서는 잘 알지 못한다. "시어머니든, 시누이든 '시' 자 얘기만 나오면 미칠 것 같아요. 내가 시어머니한테 전화 받은 얘기를 하면 남편은 들어보지도 않고 버럭 화부터 내요. 그런 남편이 더 꼴 보기 싫어요"라는 고민을 가진 30대 후반의 고객을 만난 적이 있다. 결혼 전에는 꽤 잘나가는 웹디자이너였으며, 다섯 살배기 딸과 이제 갓 돌이 지난 아들이 하나 있었다. 한눈에 보기에도 그녀는 지친 기색이 역력했다. 처음 만난 자리에서 시어머니와 시누이에 대한 험담을 늘어놓기 시작하더니 내가 입을 열 기회도 없이 2시간 내내 자신의 얘기를 했다.

본격적인 이야기는 세 번째 만남에서 시작됐다. 시댁식구 때문에 스트레스가 이만저만이 아니라던 그녀, 그러나 그 내면으로 들어가 보니 '보답 받지 못한 희생' 에 대한 억울함이 있었다. 아직 하고 싶은 일은 많은데 가사와 육아 때문에 그 일을 못하고 있는 것, 그런데도 남편은 늘 반찬투정과 정리되지 않은 집안에 대한 불만을 터뜨리고, 시어머니는 아들 걱정에 하루도 거르지 않고 두세 통씩 전화를 해서 며느리를 닦달해 대니 몸과 마음이 편할 리 없었다.

사람의 에너지에는 한계가 있는 법이다. 모든 것을 다 잘할 수는 없으며, 한정된 에너지를 필요한 곳에 골고루 나눠 써야 한다. 내가 보기에 그녀에게는 자기 계발을 위한 여가 시간이 필요한 듯 보였다.

"남편으로부터 가장 듣고 싶은 말이 뭔가요?" 하고 물었을 때 그녀는 "여보, 오늘 하루 힘들었지? 고생 많았어"라고 했다. 그러더니 굵은 눈물을 뚝뚝 떨어뜨렸다. 한참동안 그녀는 눈물을 흘렸다.

"어떤 상황일 때 남편이 그렇게 말을 할까요?"

"퇴근하고 집에 돌아왔을 때 집안이 잘 정리돼 있고, 따뜻한 밥상이 차려져 있으면 좋아하겠죠. 하지만 그렇게 하기에는 너무 힘들어요. 아이들이 너무 예쁘고 좋지만…… 아이들한테 매달려서 아무것도 할 수 없어요."

"주변에서 도와주실 분은 없나요?"

"시어머니는 시골에 계시고, 친정어머니는 오빠네 애들을 봐주고 계세요. 부탁할 만한 상황이 아니죠."

"부모님 외에는 도와주실 분이 없나요? 다른 분들은 다 부모님들께 부탁하고 있나요?"

"선배 언니는 일주일에 두 번 가사도우미를 부른대요. 청소와 세탁, 밑반찬 정도 만들어 주시는데 오전에만 하고 가시니까 비용도 많이 들지는 않나 봐요. 아는 친구는 외출하거나 집안일이 많을 때 베이비시터를 집으로 부르더라고요. 같은 아파트에 사는 아주머니인데 아이를 잘 돌봐주신대요. 아이도 잘 따르고. 가끔은 아주머니가 아이를 집으로 데려가서 재우기도 한다고 해요."

"얘기를 하다보니 저는 왜 선배언니처럼 가사도우미를 활용한다거나 베이비시터를 활용한다는 생각을 못했는지 모르겠네요."

결국 그녀는 두 가지 방법을 적절하게 활용하기로 하고, 슬슬 다시 일을 시작하겠다고 했다. 그리고 이러한 결정을 하기에 앞서 남편과 상의를 하기로 했다. '상의'라고는 했지만, 사실 그녀가 힘들어하는 점이 무엇인지, 어떠한 노력을 하고 있으며 남편이 도와줘야 할 것은 무엇인지를 넌지시 알려주기 위한 작업이었다.

정확히 한 달 뒤 그녀와 다시 만났을 때, 못 알아볼 정도로 얼굴이 밝아져 있었다.

"코치님, 제 인생에서 장마가 끝나고 다시 봄이 시작된 기분이에요."

그녀가 다시 일을 시작하면서 남편과의 관계도 좋아지고, 시어머니의 전화도 자연스럽게 할 수 있게 되었다. 아이들과 있는 시간이 줄어들었지만, 그만큼 더 아이들에게 최선을 다하게 되더라고 했다.

내가 한 일이라고는 이야기를 들어 주고 질문 몇 개를 던진 것뿐인데, 스스로 해결방안을 찾아 행동으로 옮기고 삶이 행복해졌다니 이보다 기쁜 일이 없었다. 이것이야말로 내가 할 수 있는 일, 해야 할 일이라는 사명감이 들었다.

나는 이 책에서 문제의 핵심을 찾는 방법과 객관화하는 연습,

스스로에게 질문하고 답하는 요령, 그리고 해결과 검증에 대해 다룰 것이다. 물론 이 모든 것을 스스로 해 나갈 수 있도록, 어렵지 않게 단계별로 접근할 것이다. 또한 이해를 돕기 위해 다양한 사례를 곁들일 것이다. 이 책 한 권을 다 읽고 책장을 덮을 때쯤, 당신은 스스로를 코칭하는 능력을 갖게 될 것이라고 믿는다. 그리고 그 능력을 주변 사람과 나눌 수 있기를 바란다.

CONTENTS

CHAPTER 2

삶 속에서 덩어리 부수기

CHAPTER 3

나는 나를 코칭한다

CHAPTER 4

코치 기우정의 남다른 생각

CHAPTER 1

어제까지의 나를 잊자

어제와 같은 시간은 다시 오지 않으며, 오늘 이 시간도 단 한 번뿐인 소중한 순간이다. 인생은 늘 처음, 한 번뿐인 시간 속에 있다. 그리고 "나" 란 사람도 이 세상에 단 한 명뿐이다.

1 나 자신에게 물어보자 '나' 는 누구인가?

"당신은 누구입니까?"라는 질문에 쉽게 대답할 수 있는 사람이 세상에는 몇이나 될까? 자신이 다른 사람에게 어떤 모습으로 비춰질지 심각하게 고민해본 적이 있는가? 체계적으로 자신을 한번 돌아보자.

출근길, 현관문을 나서기 전 거울 앞에 서서 옷매무새를 고쳐본다. 자신의 모습을 비춰보기에 거울만한 것이 없다. 그러나 거울이 보여주는 것은 일부분에 지나지 않는다.

자신의 성향, 사회적인 영향력, 사람들 사이에서의 평가, 심성, 가치관 등 거울에 비춰지지 않는 것들이 더 많다. 낯선 사람들끼리는 전자의 '나' 를 볼 것이고, 관계가 있는 사람이라면 후자의 '나' 를 볼 것이다.

남들에게 비춰지는 자신의 모습과 자기가 생각하는 모습이 일치하는 경우는 거의 드물다. 매우 활발하고 말수가 많은 사람이 어느 날 '나는 내성적인 사람입니다' 하고 말했을 때, 고개를 갸웃할 수밖에 없다. 냉철하고 이성적인 판단이 앞서는 사람이라고 생각했는데, 어느 날 그가 아픈 길고양이를 보고 눈물을 흘린다면 그것 또한 의외의 모습이다. 하지만 어쩌면 그것은 당연한 일인지도 모른다. 사람의 내면은 매우 다양하기 때문에 눈에 보이는 한 가지 면을 가지고 그 사람을 판단할 수 없다. 다양한 관점으로 접근하여 체계적으로 자신을 돌아보는 일은 현재의 위치나 상태를 돌아보기에 매우 중요한 수단이 된다.

나에게 중요한 가치는 무엇인가?

우리는 물건, 사람, 학교, 직업, 감정, 행동 등 수많은 것에 가치를 매기며 살아가고 있다. 어떤 물건이 더 좋은지, 어떤 사람이 더 가치 있는 사람인지, 직업의 가치는 어떻게 되는지, 사람마다 가치의 기준은 다르다. 그러나 개인의 가치관에 따라 각각 다를 수밖에 없음에도 불구하고, 가치관이 '다르다' 고 말하는 것에 익숙하지 않다. 남과 다른 가치관을 갖고 있으면 그것을 '틀렸다' 고 인식하기도 한다. 그래서 모든 일에 남들과 똑같은 가치를 매기려 하고, 다른 사람이 중요하게 생각하는 가치를 기준으로 삼아 그것을 정답처럼 따라가려는 경향이 있다. 다시 말해, 정작 자신이 추구하는 가치가 무엇인지, 지금 자신에게 있어서 가장 중요한 가치가 무엇인지 모르고 사는 사람이 많다는 말이다.

부모님이 '공부'와 '출세'를 중요한 가치로 갖고 있는 사람은 그 기준에 맞춰 공부하고, 수능 성적에 맞춰 대학에 진학하고, 대학에 맞춰 취업하고, 스펙에 맞춰 인생을 설계한다. 남들이 만들어 놓은 기준에 따라 배우자를 선택하여 아이를 낳고, 자신의 아이가 무엇을 하고 싶어 하는지 상관없이 사교육을 시키고 최고의 대학에 들어갈 것을 강요한다. 아이가 반항을 하면 자신의 가치관에 맞추라고, 자기도 그렇게 맞추며 살았다고 말한다.

그래서일까? '당신은 행복합니까?' 하고 물었을 때 대부분이 그렇지 않다고 대답한다. 하루하루가 매일 똑같고, 힘들고, 의미가 없다면서……. 회사에서 즐겁게 일을 하는 게 아니라 어떻게든 오래 버티기 위해 일을 하고, 자기의 의견을 말하기보다 상사가 무슨 생각을 하고 있을까 눈치를 보며 그 생각에 맞추기 위해 말을 한다.

사실 어떤 게 가치 있는 삶인지, 어떻게 해야 행복할지, 우리는 그 답을 알고 있다. 다만 남과 다른 가치관을 가지고 살아가는 게 주위 사람들에게 거슬리고 혼자 튀어 보일까 봐 꾹꾹 눌러 숨길 뿐이다.

그러나 다른 사람의 가치 기준에 따라 살다 보면 "나는 누구인가?"라는 질문 앞에서 아무 말도 할 수 없다. 자신의 가치관에 따라 살아온 삶이 아니라 죄다 빌리고 베낀 것들이라 실체가 무엇인지 증명하기 어렵다. 마치 〈이솝우화〉의 "까마귀와 깃털" 속에 등장하는 까마귀처럼, 다른 새의 깃털을 뽑아내면 볼품없는 모습만 남게 되는 것이다.

어제와 같은 시간은 다시 오지 않으며, 오늘 이 시간도 단 한 번뿐인 소중한 순간이다. 인생은 늘 처음, 한 번뿐인 시간 속에 있다. 그리고 "나"란 사람도 이 세상에 단 한 명뿐이다. 자신이 진정으로 원하는 '가치'가 무엇인지 진지하게 고민해 보고 올바른 가치관을 가져 보길 바란다.

내 삶에서 가치관 찾기

1. 나에게 중요한 것들 20가지를 써 본다.
2. 그것이 왜 나에게 중요한지, 문장으로 설명한다.
3. 20가지 중 5개만 추려낸다.
4. 5개를 중요한 순서대로 나열한다.
5. 첫 번째 것이 무엇인지, 그것이 왜 중요한지를 한 문장으로 만든다.
(가치관은 곧 좌우명이 되기도 한다.)

이러한 과정을 통해 자신의 가치관을 바로세울 수 있다.

각 분야에서 나의 역할은 무엇인가?

사람은 태어나는 순간부터 역할을 부여 받는다. 한 집안의 아들(딸)이요, 손자(손녀)요, 맏이로서 혹은 둘째나 막내로서 역할이 시작된다. 그러다가 학교와 사회에 소속이 되면서부터는 구성원으로서의 역할을 맡게 된다. 조직원으로서의 역할, 리더로서의 역할, 중간관리자로서의 역할도 마찬가지다. 결혼을 하면 남편(아내)의 역할을 해야 하고, 부모의 역할도 해야 한다. 그리고 사회적인 지위에 맞는 역할도 뒤따른다.

역할은 때로 스트레스의 원인이 되기도 하지만, 반면 이러한 역할을 통해 자신의 존재감을 확인하기도 한다. 언젠가 고객 중에 부모님은 물론 장인장모까지 모시고 사는 사람을 만난 적이 있다. 아이가 셋이었고 아내는 전업주부였다. 그 고객은 중소기업 회계관리팀 차장이었는데, 새벽에 우유를 돌리고 출근을 하고 주말에는 친구 회사의 회계장부 관리를 하는 등 잠시도 쉴 틈 없이 일을 했다.

그가 나를 찾아왔을 때, 원인은 막중한 책임감과 스트레스 때문일 것이라고 짐작했다. 그러나 보기 좋게 예상이 빗나갔다.

"아이들이 셋이나 되는 데다가 처가 부모님까지 모시고 산다니, 대단하시네요. 경제적으로 여유롭지 않을 텐데, 책임감이 부담스러우시겠어요" 하고 넌지시 건넨 말에 그는 손사래를 쳤다.

"아녜요. 제가 살아가는 원동력인 걸요. 집에 들어가면 온 가족이 저만 바라봐요. 혹시 힘든 기색이라도 있을까, 표정은 어떤가 하고요. 월급날은 가족들 눈이 반짝반짝 빛나요. 제가 부모님들께 용돈을 따로 드리거든요. 그 눈빛을 바라보고 있으면 더 열심히 살아야겠구나, 돈을 많이 벌어서 더 많이 드려야겠구나 하는 생각이 들어요. 아마 그분들이 제게 그런 책임감을 심어 주지 않았더라면 전 인생을 대충대충 살았을 거예요."

그에게는 양가 부모님을 모시는 일이 스트레스가 아니라 오히려 삶의 활력소가 되는 듯했다. 충분히 그럴 수 있다. 그 삶을 통해 자신의 능력과 존재감을 증명하고 있으며, 더불어 자신을 지지하는 든든한 백그라운드를 얻었다고 생각하기 때문이다. 역할이 많으면 그에 따라 스트레스가 많아지는 것은 부정할 수 없지만, 그만큼 긍정적인 효과도 늘어난다. 그리고 앞에서 말한 고객처럼, 긍정적인 효과가 더 크다면 스트레스는 오히려 활력소가 된다.

'역할'은 능력 범위 안에서 책임지는 것이 바람직하다. 위의 고객을 예로 들어, 만약 그가 제대로 된 직장을 갖고 있지 못하거나 건강이 나빠 아르바이트를 할 수 없는 상황이라면 양가 부모님을 모시는 일은 능력 밖의 일이 되고 만다. 그런데도 그 역할을 떠맡으려고 한다면 얼마 가지 않아 집안에 분란이 일어나고 말 것이다. 양가 부모님의 사이가 안 좋다거나 아내가 자기주장이 강한 성격이라 부모님들과 의견 충돌이 있다면 그 또한 마찬가지다. 책임이 우선되는 역할은 부담스럽지만 자발적으로 선택한 역할이라면 그것은 긍정적인 결과와 연결이 된다.

각 분야에서 자신의 역할은 무엇인지 생각해본 적이 있는가? 그 역할을 잘 수행하고 있는지, 아니라면 어떤 방향으로 개선하고 싶은지 한번쯤 정리해볼 필요가 있다.

이상적인 역할 찾기

나는 아들(딸)로서 ______________________ 하겠다.

나는 남편(아내)로서 ______________________ 하겠다.

나는 부모로서 ______________________ 하겠다.

나는 조직의 구성원으로서 ______________________ 하겠다.

나는 친구로서 ______________________ 하겠다.

나는 ____________ 로서 ______________________ 하겠다.

나는 ____________ 로서 ______________________ 하겠다.

나는 ____________ 로서 ______________________ 하겠다.

나는 ____________ 로서 ______________________ 하겠다.

나는 ____________ 로서 ______________________ 하겠다.

자신의 발전을 위해 어떤 활동을 하고 있는가?

매년 새해를 맞이하여 가장 많이 하는 결심이, 남자의 경우 '금연', 여자의 경우 '다이어트'가 아닐까 한다. 헬스클럽과 영어학원에 신규 고객이 가장 많은 시기도 1월이요, 돼지저금통이 가장 많이 팔리는 달도 1월이다. 해가 바뀌면서 자기 발전을 위해 뭔가 새로운 것을 시도하는 것이다.

20대 때는 취업을 위해서 스펙 쌓기에 열중인 사람이 많은 반면 30대 때는 승진을 위한 능력 계발, 40~50대 때는 건강과 재테크, 그 이후에는 노년을 대비한 다양한 취미 활동에 노력을 기울인다. 그러나 인생 전반에 걸쳐 기본적으로 반드시 해야 할 일은 '자신의 발전을 위한 활동'이다.

하루가 멀다 하고 새로운 지식과 정보가 쏟아지는 세상이다. 그만큼 알아야 할 것, 배워서 익혀야 할 것도 많다. 그러나 단순히 남에게 뒤지지 않기 위해 학습하는 시기는 지났다. 남들을 의식하고 따라하는 게 아니라 자신의 발전을 위해 차곡차곡 내실을 다져야 한다. '발전'의 기준은 사람마다 달라서, 사회적 성공을 발전이라 생각하는 사람도 있고 의식의 성장을 발전이라고 생각하는 사람도 있다. 그것이 무엇이든 더 큰 행복과 만족감을 주며 누군가를 위해 기여하는 것이라면 발전으로 볼 수 있다.

그러나 반드시 필요한 것인 줄 알면서도 두렵고, 불편하고, 귀찮다는 이유로 자기 발전을 등한시하는 사람들이 있다. 그들에게는 핑계가 너무 많다.

• 다음 회의 때는 혁신적인 기획안을 발표해야겠어.

핑계 : 아냐, 눈에 띄어봤자 좋을 게 없어. 기획안 제시했다가 일거리만 많아지면 어떡해.

• 재밌겠는걸. 도전해 봐야지

핑계 : 아냐, 도전했다가 실패하면 어떡해. 괜히 에너지 낭비할 필요 없어.

• 오늘까지 이 업무를 마무리해야지.

핑계 : 오늘만 날인가? 내일 하지 뭐!

• 새로 도입한 인트라넷 프로그램을 잘 익혀서 활용해야겠군.

핑계 : 이 나이에 뭘. 그냥 아래 직원한테 시키면 돼.

• 주말에 가족과 뒷산에라도 올라갔다 와야지.

핑계 : 귀찮다. 늘어지게 낮잠이나 자야지.

그러나 이런 사소한 핑계가 쌓이다 보면 결국 인생의 걸림돌이 된다. 자기 발전을 위해서는 핑곗거리부터 없애야 한다. 무엇이든 괜찮다. 업무 능력 향상을 위해서든 개인이나 가족을 위해서든, 목표를 정하고 이루기 위해 노력하는 모습은 아름답다.

지금 나는 자기 발전을 위해 어떤 활동을 하고 있는가? 혹시 화석처럼 제자리에 굳어 있는 것은 아닌가? 그렇다면 지금부터라도 계획을 세워보자.

주위에서 어떤 사람으로 인정받고 싶은가?

사람마다 자신이 인정받고 싶은 분야가 다르다. 누구는 감성이나 지식적인 면을 인정받고 싶어 하고, 누구는 업무 분야에서 인정받길 원한다. 나의 경우 누군가를 도와주고, 공동체의 분위기를 만들고, 좋은 동료나 조언가로서의 역할을 하는 데 익숙하며 인간관계를 가장 중요하게 생각하는 사람이다. 그래서 사람들이 나를 그 분야에서 인정해 주길 바라는 마음이 있다. 그러나

바램이 모두 현실이 되지는 않기에 상처 받고 위축되기도 한다. 누군가 나에게 '당신은 주위에서 어떤 사람으로 인정받고 싶은가요?' 하고 묻는다면 '좋은 동료이자 삶의 예술가' 로 인정받고 싶다고 대답할 것이다.

마음이 따뜻한 사람, 이성적인 사람, 그 분야의 전문가, 지식이 풍부한 사람, 지혜로운 사람, 정의로운 사람 등 들었을 때 가장 듣기 좋은 말이 무엇인지 생각해 보자. 그리고 자신이 거기에 얼마나 가까운지 생각해 보자.

나는 무엇을 좋아하며 어떤 재능을 가지고 있는가?

고교 동창 중에 글을 참 잘 쓰는 친구가 있다. 고교시절, 교내 백일장을 휩쓸고 각종 대회에서 화려한 수상 경력을 자랑했다. 지금은 중소기업 홍보실에서 근무하는데, 주말이면 다른 친구가 운영하는 목공소에서 하루 종일 나무만 깎는다. 하지만 몇 년째 그러고 있으면서도 '작품' 이라고 부를 만한 것 하나를 만들어내지 못했다. 해봐야 작은 탁자 몇 개와 책꽂이, 옷걸이 정도가 전부였다. 아무래도 목공 쪽에는 재능이 없어 보인다. 그래도 포기하지 않고 이것저것 만들며 즐거워하는 걸 보면 그 친구의 재능은 글쓰기요, 취미는 목공임에 틀림없다.

자신의 취미가 무엇이고 어떤 일에 재능이 있는지를 안다면 인생이 보다 즐거워질 것이다. 그런데 의외로 자신이 무엇을 좋아하는지 잘 모르는 사람이 많다. 때로는 재능과 취미를 헷갈리는 사람도 있다. '재능' 은 살면서 칭찬을 받았던 기억과 관련 있고, '취미' 는 칭찬받고 싶었던 기억과 관련이 있다. 곰곰이 생각해 보자.

다음 도표에 따라 자신의 재능이 무엇인지 적고, 그 재능으로 인해 어떤 성과나 결과를 얻었는지 하나하나 적어 보자. 그러다 보면 자신이 가진 재능에 감사하는 마음이 생길 것이다.

자신의 재능	재능의 결과
1	
2	
3	
4	
5	

자신의 재능을 십분 발휘할 수 있는 취미를 갖고 있다면 그보다 좋은 일은 없다. 그러나 그런 사람은 흔하지 않다. 대개가 재능을 통해 직업을 선택하게 된다. 재능은 현실이요 취미는 이상이라고나 할까? 취미는 삶의 활력이 되므로 반드시 한두 개쯤은 갖는 게 좋다.

취미	취미와 관련한 활동
1	
2	
3	
4	
5	

취미와 재능을 적다 보면 자존감이 높아진다. 하면서 즐거운 일, 잘한다고 칭찬 받는 일이므로 상대적으로 기분도 좋아진다.

나에 대한 선언과 다짐을 만들자

앞서 가치관, 자신의 역할, 자신의 발전을 위한 노력, 주변에서 인정받고 싶은 자신의 모습, 취미와 재능 등을 돌아보면서 다시 한 번 "나는 누구인가?" 생각해 봤을 것이다. 어렴풋이나마 자신의 모습이 그려졌다면 그에 알맞은 선언과 다짐을 만들어 보자. 선언은 발전하고픈 이상적인 모습을 말하고, 다짐은 그렇게 되기 위한 노력이라고 생각하면 된다. 가능하면 구체적이고 실현 가능한 것이어야 한다.

예를 들어 '건강' 과 관련한 선언과 다짐이라면 "나는 올해 안에 체중을 5킬로그램 줄이고 근육량을 20퍼센트 늘리겠다. 그러기 위해 출근 전 1시간 이상 헬스클럽에 가서 운동을 하고, 주말에는 월 2회 이상 등산을 하겠다" 는 등의 구체적인 내용이 들어가야 한다. 오후에 운동을 하기로 하면 야근이나 약속 등으로 인해 빠지게 되는 날이 많을 것이다. 그러므로 운동은 가급적 아침에 하는 것이 좋다. 또한 등산은 혼자 하는 것보다 모임에 소속되어 약간의 구속감을 갖는 것이 꾸준히 할 수 있는 방법이다. 등산모임에서 직책을 맡는다면 더욱 적극적으로 등산 활동을 하게 될 것이다.

이상적인 "나"는 어떤 사람인가? 그러기 위해서는 무엇을 어떻게 해야 할까? 그것을 한 문장으로 만들어 보자.

KEY POINT

"나"를 들여다보기

— 어떤 사람으로 기억되기를 원하는가?

— 무엇이 가장 소중한가?

— 어떤 성품의 소유자이고 싶은가?

— 언제 가장 행복을 느끼는가?

— 언제 마음의 평화, 감사를 느끼는가?

— 무엇에 헌신하고 싶은가?

— 귀하의 장(강)점은 무엇인가?

— 6개월의 휴가를 준다면 제일 먼저 하고픈 것은 무엇인가?

— 삶의 좌우명(Credos)는 무엇인가?

— 가장 친한 친구의 장례식장에서 느낀 점은?

"나"의 강점 발견하기

— 당신은 삶의 어느 부분에 있어 타고난 강점이 있다고 느껴지는가?

— 당신이 항상 아주 특별하게 잘하고 싶었던 것은 무엇인가?

— 당신이 여기에 강점이 있다면 그것을 앞으로 어떻게 계발하겠는가?

— 다른 사람들은 당신이 무엇을 잘 한다고 생각하는가?

— 당신의 어떤 강점 때문에 배우자가 선택했다고 생각하는가?

조직에서 "나"의 역할 찾기

— 향후 5년 후에 내가 속한 조직에 어떤 변화가 있을 것인가?

— 그것을 대비하여 나는 어떤 역할을 수행하여야 하는가?

— 어떻게 구성원들의 '열정'을 갖도록 할 것인가?

— 주도적인 변화를 위해 조직이 취할 수 있는 전략은 무엇인가?

— 전략수행을 위해 구성원 전체의 공감을 어떻게 끌어 낼 것인가?

2 내 인생을 방해하는 건 바로 나

부모 때문에, 친구 때문에, 학벌 때문에, 돈이 없어서……. 안 된다, 못한다고 말하는 사람들은 핑계가 많다. 그 핑계대로라면 할 수 있는 게 아무것도 없다. 우연찮게 벌어지는 각종 사건 사고도 많다. 그중 인생을 방해하는 가장 큰 걸림돌은 바로 "나" 자신이다.

열등감에서 빠져나오기

자신이 나아가지 못하도록 앞을 꽉 막고 있는 가장 큰 바윗돌은 '열등감' 이다. 열등감은 다른 사람에 비해 자기가 뒤떨어졌다거나 무능력하다고 생각하는 감정이나 의식을 말한다. 흔히 자존감이 낮은 사람들이 갖는 감정인 셈이다.

열등감이 많은 사람은 왜곡된 시각을 갖기 때문에 주변 사람들이 오래 붙어 있질 않는다. 그러다 보니 늘 자기만의 생각 속에 갇히고 마는 것이다.

열등감으로 똘똘 뭉친 대표 인물을 찾으라면 단연 '버락 오바마'를 손꼽을 수 있다. 오바마는 케냐인 아버지와 미국인 어머니 사이에서 태어난 혼혈로, 흑인이라는 이유 만으로 차별을 받으며 어린 시절을 보냈다. 부모님은 그가 어릴 적에 이혼을 했고, 오바마는 외조부모님의 손에서 자랐다. 아버지는 재혼하여 케냐로 돌아갔으며, 어머니 또한 인도네시아인과 결혼하여 인도네시아로 갔기 때문이다. 이런 평범하지 않은 환경 때문에 오바마는 담배와 마리화나에 손을 대기도 했다. 어찌 보면 그의 인생은 비뚤어지기 딱 좋은 상황이었다.

오바마의 열등감을 희망으로 바꾼 것은 그가 아버지의 조국인 케나에 갔을 때였다. 자신의 뿌리를 찾기 위해 케냐에 들른 그는 그곳에서 조국을 위해 헌신한 아버지의 업적을 듣고, 아버지와 같은 꿈을 품게 되었다. 그 이후 오바마는 열등감을 오히려 삶의 희망으로 바꿔 인종차별을 없애기 위해 앞장설 수 있게 되었다.

반면 열등감 때문에 세기의 광인으로 남은 인물도 있다. 바로 '아돌프 히틀러'다. 술꾼인 데다가 폭력을 휘두르는 아버지 밑에서 자란 히틀러는 미술과 건축에 흥미를 갖고 있었지만 가난 때문에 실업고등학교를 다니다가 중퇴를 하고 말았다. 그래서 그는 학력에 대한 열등감을 갖고 있었다. 그 이후 일용직 근로자로 일하면서 부랑자숙소에서 생활했는데, 거기에서 유태인에 대한 증오를 품게 되었다는 말이 있다. 창백한 얼굴, 홀쭉한 뺨, 작은 키 등으로 여자들에게 관심을 받지 못한 그는 외모에 대한 열등감도 있었다. 결국 세계대전을 일으키고 유태인을 무차별 학살하면서 그는 세기의 광인으로 기록되었다.

똑같이 열등감을 갖고 있는 사람이었지만 오바마와 히틀러는 역사에 다르게 기록되고 있다. 그 두 사람에게 다른 점이 있다면 한 사람은 열등감에서 희망을 찾았다는 것이고 다른 한 사람은 열등감에 사로잡혀 이성을 잃었다는 것이다. 열등감이 사람을 좀먹는 감정이라는 것을 알면서도 좀처럼 벗어나기가 힘들다. 한 정신과 의사는 열등감에 대해 다음과 같이 말하고 있다.

"열등감은 부정하거나 무작정 이기려고 애쓴다고 해서 사라지는 것이 아닙니다. 자신 안에 도사리고 있는 열등감의 원인이 무엇인지 그것을 찾아서 정면으로 마주해야 합니다. 그리고 자신에게 처음 상처를 입힌 말과 생각들이 정당하고 옳은 것인지를 객관적인 눈으로 바라봐야 해요."

사람의 감정이라는 게 자신의 내면에서 일어나는 것임에도 불구하고 쉽게 제어되지 않을 때가 있다. 뿐만 아니라 근본적인 원인을 모른 채 행동하기도 하고, 원인을 알면서도 부정하려는 심리가 있다. 정면으로 마주했다가 상처받을까 봐 두렵기 때문이다. 그러나 회피한다고 해서 열등감이 사라지는 것은 아니다. 열등감에 사로잡히기보다 보다 객관적인 안목을 갖기 위해 노력해야 한다.

미국의 32대 대통령인 프랭클린 루즈벨트의 아내인 앨리너 루즈벨트는 "열등감은 스스로 인정하지 않는 한 절대로 생기지 않는다"는 말로 키가 작은 남편을 옹호했다. 다시 말해 루즈벨트가 키가 작은 것은 맞지만 그가 그것을 열등감으로 생각하지 않는 한 열등감으로 작용하지 않는다는 것이다. 자신의 앞길을 가로막는 가장 큰 걸림돌이 열등감이라면 그것을 피해 먼 길로 돌아가지 말고 번쩍 들어 올려 멀찌감치 던져 버리길 바란다.

자포자기에서 탈출

고교생 자녀를 둔 부모들이 모이면 비슷한 고민을 털어놓는다.

"우리 아들한테 하고 싶은 게 뭐냐고 물었더니 모른대. 어떤 대학을 가고 싶으냐고 물어도 글쎄라고 대답하고……. 답답해

죽겠다."

"우리 딸도 마찬가지야. 꿈이 뭐냐고 물었더니 없대. 왜 이러냐, 젊은 애들이!"

입시 교육으로 학교와 학원을 오가느라 지친 아이들에게 어찌 보면 '꿈'은 사치일지도 모른다. 그러나 수동적이고 무기력한 상태에서 학교를 졸업하고 사회에 나와도 그들이 크게 달라지지는 않는다. 어렵게 공부를 해서 좋은 대학을 졸업해도 취업을 하기가 하늘의 별 따기다. 좌절이 반복되다 보면 의욕을 잃게 되고 자포자기 상태에 빠진다. 거절당하거나 실패하는 게 두려워 아예 시도조차 하지 않는 것이다. 많은 사람들이 알게 모르게 그러한 두려움을 갖고 있다.

'오르지 못할 나무 쳐다보지도 말라'는 옛 속담처럼, 그들은 아예 나무를 쳐다보지도 않는다. 그러나 일단 나무를 붙들고 씨름이라도 한번 해봐야 오를 수 있는지 없는지 판가름이 나지 않을까? 시도하지 않은 일에 대한 결과는 아무도 모른다.

자포자기를 말 그대로 풀어 보면 '스스로 자신을 학대하고 돌보지 아니하는 것'을 말한다. 자신을 돌보지 않는 사람에게 미래와 희망은 없다. 그래서 꿈도, 하고 싶은 것 되고 싶은 것도 없는 것이다. 길을 가다가 '자포자기'라는 돌멩이를 발견했다면 그대로 주저앉지 말고, 이것의 뿌리가 얼마나 깊은지, 무게는 얼마나 나가는지 일단 한번 덤벼보자. 그런 다음 옮길 수 있는 방법을 찾으면 된다. 방법은 찾으려고 노력하는 사람에게는 반드시 보이는 법이다.

무사안일주의에서 해방

'갤러리족'과 '좀비족'이란 신조어가 있다. 갤러리족이란 직장인들을 골프장의 갤러리에 빗댄 말로, 주인의식 없이 회사 상황을 살피다가 그때그때 처신하거나 방관자처럼 구경만 하다가 더 좋은 직장이 생기면 옮겨 다니는 사람을 말한다. 좀비족은 대기업, 거대조직 내에서 무사안일주의에 빠져 주체성 없이 사고하고 로봇처럼 말하거나 행동하는 사람을 말한다. 다시 말해 사회생활을 하면 자신이 편하기 위한 요령과 처세술만 익혀 복지부동하는 사람을 비꼬는 말이다.

이런 신조어가 등장한 이유는 그런 사람들이 점점 많아지고 있으며 사회적인 문제로까지 거론되기 때문이다. 새로운 의견을 제시하는 사람도, 도전하는 사람도 없고 너도나도 그림자처럼 움직이면 조직은 정체되고 결국 퇴보하고 만다. 이건 마치 전쟁터에서 아무도 총대를 메지 않으려고 하는 것과 다름없다. 총대를 메지 않은 채 전쟁을 한다면 결과야 뻔한 일이다.

치열한 경쟁 시대에 살아남으려면 무사안일주의에서 벗어나 자기 발전을 위해 노력해야 한다. 자신의 발전이 조직의 발전에 기여할 때 성취감이 더욱 커질 것이다.

잘못된 습관과 이별

스티븐 코비는 《성공하는 사람들의 7가지 습관》이란 책으로 우리에게 유명한 기업인이다. 성공하는 사람들에게는 공통된 습관이 있으며, 그 습관을 따라한다면 당신도 성공할 수 있다는 내용이다. '과연 따라 하기만 해도 성공할 수 있을까? 뭔가 더 특별한 것이 필요하지 않을까?' 하고 의구심이 들지만, 스티븐 코비는 가능하다고 말하며 습관의 중요성을 다시 한 번 강조하고 있다.

습관은 무의식적으로 나타나는 행동으로, 이미 몸에 익어 있어서 바꾸기가 쉽지 않다. 좋은 습관이든 나쁜 습관이든 마찬가지다. 좋은 습관과 나쁜 습관의 차이가 있다면, 좋은 습관은 비교적 쉽게 무너질 수 있는 데 반해 나쁜 습관은 고치기가 매우 힘들다는 점이다. 많은 사람들이 '습관의 힘'에 대해 말하지만 고치지 못하는 게 습관이기도 하다.

행동뿐만 아니라 습관적으로 반복하는 말도 큰 의미를 갖는다. '망했다', '짜증나', '재수 없어', '안 될 거야' 등 불평불만으로 가득한 말들은 그러한 결과를 불러오는 데 한몫을 한다. 통계를 봤을 때, 젊은 나이에 세상을 떠난 가수들은 하나같이 이별이나 죽음과 관련한 노래를 불렀다고 한다.

말은 씨앗과 같아서, 뿌려 놓으면 어느 새 싹이 나서 결실을 맺는다. 좋은 씨앗을 뿌리면 좋은 열매가 열리고, 나쁜 씨앗을 뿌리면 나쁜 열매가 열리는 게 당연하다. 그러나 우리는 자신이 씨앗을 뿌려 놓고도 그것을 까맣게 잊고 살 때가 많다. 원인 없는 결과는 없다. 지금 내가 서 있는 자리는 그간 걸어온 길의 연장선이다.

잘못된 습관 때문에 얼마나 많은 것을 잃었는지 생각해본 적이 있는가? 나쁜 습관을 교정하여 좋은 습관으로 바꾸는 것은 어쩌면 평생 해야 할 과제인지도 모른다.

직접 기재 후 교정을 위해 노력해 보자

나쁜 습관 →	교정을 위한 노력	→ 좋은 습관
1		1
2		2
3		3
4		4
5		5

3 언뜻 보기에 모순된 것 같지만

살면서 실패와 좌절을 경험하지 않는 사람은 없다. 인생을 송두리째 뒤흔드는 엄청난 충격이지만, 그러나 때론 누군가에게는 그것이 감사한 경험이 된다. 인간관계 분야에서 최고의 컨설턴트로서 업적을 쌓은 데일 카네기는 "좌절은 기회다"라는 명언을 남겼다. 대학을 졸업한 후 교사, 세일즈맨 등으로 사회생활을 하면서 수많은 실패를 경험했기에 그의 말에는 진솔함이 담겨 있다. 숱한 실패에도 불구하고 그가 성공할 수 있었던 것은 실패를 통해 얻은 교훈을 발전의 디딤돌로 삼았기 때문이다. 그의 말처럼 좌절을 기회로 삼았던 것이다.

실패로부터 교훈을 얻지 못한다면 똑같은 잘못을 되풀이할 수밖에 없다. 반면 실패를 통해 교훈을 얻은 사람은 실패의 확률을 줄일 수 있다. 그렇게 실패의 확률을 줄여나가다 보면 성공에 가까워진다. 카네기의 말대로, '실패' 자체가 중요한 게 아니라 단지 실패를 대하는 태도가 중요한 것이다.

세계 최대의 월간지인 〈리더스 다이제스트〉에서는 "실패를 극복하는 5가지 방법"을 제시했다.

실패를 극복하는 5가지 방법

1. '실패'라는 단어 대신 '시행착오'라는 말을 사용하라.
   - 희망적인 말을 사용하는 사람은 쉽게 재기한다.
2. '마지막'이라는 생각을 버려라
   - 실패를 딛고 재도전할 기회는 반드시 온다.
3. 자신을 실패자로 비하하지 마라.
   - 실패의 원인을 분석하고 반성하되 비하하지는 마라.
4. 항상 실패를 맞을 준비를 하라.
   - 인생에는 깊은 수렁도 있고 넓은 초원도 있다.
5. 실패가 예견되면 빨리 단념하라.
   - 사람은 가끔 최선책에 대한 미련으로 차선책을 놓치는 경우가 종종 있다.

'실패'를 말할 때 흔히 에디슨에 대한 이야기를 한다. 에디슨은 2,399번의 실패 끝에 전구를 발명했다. 2,400번째 비로소 성공했을 때 기자가 질문했다.

"그렇게 많은 실패를 하면서 혹시 중간에 포기하고 싶은 마음은 없었습니까?"

그러자 에디슨은 이렇게 대답했다.

"실패라고요? 난 실패한 적이 없습니다. 다만 전구를 만들 수 없는 방법 2,399가지를 알았을 뿐입니다."

그런 긍정적인 사고를 갖고 있었기에 '세기의 발명가'가 될 수 있었던 것이다.

'OTL'은 좌절 금지라는 뜻으로 쓰이는 상형문자다. 좌절하지 말라는 격려 문자지만, 좌절은 '흡연 금지'나 '출입 금지'처럼 의도한 대로 금지할 수 있는 게 아니다. 실패와 좌절을 긍정적인 경험으로 만드는 것, 거기에도 요령이 필요하다.

일단 '그래도 얼마나 다행이야' 하고 말하기

새옹지마(塞翁之馬)는 '불행 중 다행'이란 뜻이다. 겹겹이 불행한 일이 닥치더라도 그 가운데 희망을 삼을 만한 다행스런 일이 반드시 한 가지는 생긴다. 아무리 생각해 봐도 다행스런 일이 없다손 치더라도, 일단 한번 말로 내뱉어 보자.

"그래도 얼마나 다행이야!"

그런 다음 다행인 일을 찾아보자. 순서가 중요하지는 않다. 말부터 해 놓고서 찾는 게 오히려 쉽다. 말하는 순간 그 말이 다시 귀로 들어오면서 사고의 패턴이 긍정적으로 변화하기 때문이다.

예를 들어, 권고사직 통보를 받고 막막한 데다가 대출금을 다음 달까지 갚으라는 연락을 받았다. 엎친 데 덮친 격으로 전세자금을 올려달라고 한다. 디자인을 전공하는 딸은 영국으로 유학을 가고 싶다고 하고, 말썽꾸러기 고3 아들은 학교를 자퇴하겠다며 며칠째 방문을 걸어 잠근 채 방에서 나오질 않고 있다면……. 거기에 덜컥 아버지까지 급성심근경색으로 병원에 입원하고, 골목에 세워둔 차의 휀다를 누군가 들이박고 도망갔다면……. 과연 이 상황에서도 '다행'이란 말을 할 수 있을까?

일단 말부터 하고 생각해 보자.

"그래도 얼마나 다행이야!"

불행 속에서 감사한 점 찾기

그 다음이 문제다. 아무리 찾아봐도 다행이라고 말할 구석이라곤 없다. '차라리 날 죽여라!' 하고 소리치고 싶을 정도다. 대체 무엇을 감사하란 말인가.

그렇다면 이제 자신에게 남아 있는 것을 돌아보자.

일단 아픈 데 없이 몸이 건강하다. 이 얼마나 감사한 일인가!

권고사직을 한 뒤 얼마간의 퇴직금을 받을 수 있으니 그걸로 평소에 관심을 두고 있던 가게를 창업하거나 일단 급한 자금을 융통할 수 있다. 새로운 일에 도전할 기회를 얻었으니 이 얼마나 감사한 일인가! 급하게 돈을 구할 수 있으니 얼마나 다행인가!

딸에게는 아버지의 사정을 말한 뒤 워킹홀리데이를 권유해 보고, 아들에게는 자퇴하고 그 이후에 무엇을 할 것인지 계획서를 작성해 보라고 하면 어떨까? 자녀들에게 독립심을 키워줄 수 있는 기회가 되었으니 이 얼마나 감사한 일인가!

아들이 정 공부에 관심이 없다면, 아버지의 창업을 돕도록 하여 남들보다 조금 일찍 사회를 경험할 수 있도록 하는 것도 나쁜 방법은 아니다. 아버지와 아들이 머리를 맞대 사업을 꾸려 가다 보면 오랜 시간을 함께하면서 가족간의 정을 키울 수 있으니 이 얼마나 감사한 일인가!

차는 수리하기 전까지 잠시 타지 않으면 휘발유를 비롯한 부대 경비를 절약할 수 있으니 오히려 잘된 셈이다. 정말 다행이지 않은가!

긍정연습

흰색 물감에 검정색 물감을 한 방울만 떨어뜨려도 회색으로 변한다. 그것을 다시 완전한 흰색으로 만들려면 많은 양의 흰색 물감이 필요하다. 한 방울의 검정 물감처럼, 부정적인 생각은 영향력이 크다. 평상시에 긍정적이고 밝았던 사람도 어려운 일에 맞닥뜨리면 부정적으로 바뀌어 비관하거나 좌절하기 쉽다. 그래서 연습이 필요하다. 운동을 해서 근육을 단련시키듯, 반복적인 연습을 통해 긍정적으로 생각하는 습관을 만들어 보자.

사고는 반복되는 패턴이다. 처음부터 긍정적인 사람도, 부정적인 사람도 없다. 단지 각자가 처한 환경과 경험을 통해 누군가는 부정적인 사고로, 누군가는 긍정적인 사고로 기울었을 뿐이다. 그리고 그것이 익숙해지면 '긍정적인 사람', '부정적인 사람'으로 드러나는 것이다.

긍정에 익숙한 사람은 긍정을 반복하고, 부정에 익숙한 사람은 부정을 반복한다. 그러므로 긍정적인 사고 패턴을 익히고 연습하는 게 중요하다. 나는 이것을 '인생의 연금술'이라고 부른다. 연금술이란 말 그대로 금이 아닌 물질을 금으로 만들어내는 기술을 말한다. 돌멩이든 구리든 집어넣기만 하면 번쩍거리는 황금으로 변해서 나오는 것이다. 긍정적인 사고 패턴은 좋지 않은 감정, 상황, 사건을 전부 감사한 것으로 만드는 연금술과 같다. 이것은 마법처럼 신기한 경험이다.

그렇다면 어떻게 해야 사고를 긍정적으로 바꿀 수 있을까? 《에너지 버스》라는 책에서 소개하고 있는 붓다와 제자의 우화에서 답을 찾아보길 바란다.

한 제자가 붓다에게 물었습니다.

"제 안에는 두 마리의 개가 살고 있는 것 같습니다. 한 마리는 매사에 긍정적이고 온순한 놈이며, 또 다른 한 마리는 성질이 사납고 매사에 부정적인 놈입니다. 이 두 마리가 항상 제 안에서 싸우고 있습니다. 어떤 녀석이 이기게 될까요?

붓다는 아주 짧게 대답했습니다.

"네가 먹이를 주는 놈이다."

지금 당신은 어떤 개에게 먹이를 주고 있나요?

나를 칭찬하는 문장 만들기

칭찬은 고래도 춤추게 한다는 말처럼 무한긍정의 힘을 갖고 있다. 어릴 때는 글짓기 대회나 그림 그리기 대회에 나가서 혹은 글씨를 잘 쓰거나 아픈 친구를 도와주는 것만으로도 칭찬을 들었다. 하지만 나이를 먹어 가면서 칭찬 들을 기회가 점점 줄어든다. 칭찬은커녕 야단맞고 핀잔 듣는 일이 더 많아지다 보니 점점 주눅이 든다.

자신에 대해 가장 잘 알고 있는 사람은 바로 자신이다. 누가 뭐래도 썩 괜찮은 자신을 스스로 칭찬하는 것도 큰 힘이 된다. 의무적으로, 습관적으로, 가능하면 거울 속 자신을 바라보면서 칭찬하는 습관을 들여 보자. 먼저 자신을 칭찬하는 한 줄 문장을 만드는 게 중요하다. 단, 자신도 수긍할 수 없는 문장은 안 되며, 부정적인 단어도 좋지 않다. 예를 들어, '나는 브래드 피트보다 잘생겼어' 라거나 '나는 덤벙대지 않고 꼼꼼한 것이 장점이야' 는 적합한 문장이 아니다. '나는 형제들 중에 가장 잘생겼어' 혹은 '나는 꼼꼼하게 일처리를 잘하는 장점이 있어' 로 고쳐서 문장을 만들자.

다음은 칭찬하는 문장이다.

나는 무엇이든 할 수 있는 긍정적인 사람이야.

나는 유머감각이 있는 분위기 메이커지.

나는 생각이 올바르고 이해심이 많아.

나는 아이디어가 넘치는 창의적인 사람이야.

나는 순발력이 뛰어나서 대처를 잘해.

나는 친구 같이 친근한 사람이야.

나는 솔직한 게 매력이지.

나는 사람들 사이에서 인기가 최고야.

나는 다정다감한 성격이야.

나는 사람들에게 웃음을 전하는 웃음전도사야.

나는 재능이 참 많아.

나는 세상에 단 하나밖에 없는 명품이야.

지금까지 잘해 왔으며 앞으로 더 기대가 돼.

수고했어, 잘했어!

반짝반짝 빛이 나는군, 멋져!

나는 이성적인 판단력이 뛰어나.

나는 부지런하고 성실한 사람이야.

기분 좋군. 역시 난 에너지맨이야.

이 밖에 자신의 장점이나 다른 사람들로부터 부러움을 사는 특성들을 하나의 문장으로 만들어 반복하는 습관을 들이자. 반복하다 보면 자신이 꽤 괜찮아 보일 것이다.

KEY POINT

자신을 점검하는 질문들

- 회사에서

이 회사에 입사한 이유는 무엇인가?

회사 생활을 통하여 무엇을 이루고 싶은가?

나는 무엇을 위해 일하는가?

나는 누구를 위해 일하는가?

그리고 나는 왜 일하는가?

회사 생활을 하는 데 있어서 애로사항은 무엇인가?

나는 어떤 일을 하고 싶은가?

나의 강점은 무엇인가?

회사에서 일을 통하여 지금까지 이룩한 가장 큰 성취 3가지는 무엇인가?

- 실행력을 높이는 질문

해야 하지만 하고 있지 않은 것은 무엇인가?

지금 당장 해야 할 것은 무엇인가?

언제까지 하겠는가?

예상되는 애로사항은 무엇인가?

그것을 어떻게 해결할 것인가?

무엇을 할 것인가? (What to Do?)

어떻게 할 것인가? (How to Do?)

누가 할 것인가?(Who to Do?)

CHAPTER 2

삶 속에서 덩어리 부수기

원인 없는 결과는 없다. 만약 소극적인 사람으로 평가할 만한 사건이 없었다면 그 사람은 소극적인 성격으로 바뀌지 않았을 것이다. 원래부터 소극적인 것이 아니라 환경과 사건들이 그를 소극적인 사람으로 몰고 간 것이다.

1 편견은 어디에서 온 것인가, 정말 그럴까?

제인 오스틴의 소설 《오만과 편견 Pride and Prejudice》에는 이런 글귀가 나온다.

"편견은 내가 다른 사람을 사랑하지 못하게 하고, 오만은 다른 사람이 나를 사랑할 수 없게 만든다."

이 글귀는 내가 편견을 가지고 바라보던 사람이 있는지 혹은 내가 그동안 오만한 사람은 아니었는지 다시 한 번 생각하게 만든다. 이렇듯 편견은 긍정적인 삶을 방해하는 장애물이다.

흔히 '색안경' 이라고 표현하는 편견은 고정관념에서 비롯된다. 그리고 대개는 객관성을 잃고 좋지 않은 판단을 내리는 근거가 된다. 여자는 조신하고 친절해야 하며 남자는 적극적이고 대범해야 한다는 것도 편견이다.

예쁜 여자에게는 당연히 애인이 있을 거라는 생각, 친절한 남자는 바람둥이일 거라는 생각도 편견이다. 살찐 사람은 게으를 것이라는 편견, 글 잘 쓰는 사람은 말도 잘할 것이라는 편견, 직장 상사는 아래 직원의 말을 무시할 거라는 편견……. 우리는 그렇게 많은 편견 속에서 살아가고 있다.

어디서부터 비롯되었는지 알 수 없지만, 편견은 어느 새 사회 전반에 걸쳐 뿌리 깊게 박혀 있다. 그것은 이미 사회 현상으로 굳어진 여러 가지 관념으로, 많은 사람들의 견해이기도 하다. 그만큼 편견에서 벗어나기가 힘들다. 한번은 학교에서 상담교사로 일하고 있는 분이 코칭을 받으러 오셨다. 그분은 사람들의 편견 때문에 행동 하나하나가 조심스럽다고 했다.

"상담교사는 제 직업일 뿐이에요. 그런데 사람들은 '저 사람은 상담교사니까 자녀들과 아무 문제없이 대화로 잘 풀어 나갈 거야' 라거나 '저 집 아이들은 다 착하고 공부도 잘할 거야' 라고 생각하죠. 하지만 저도 다른 엄마들과 똑같이, 집에 가서는 아이들 야단치고 잔소리도 하고 그러거든요. 물론 요령껏 한다거나 정도가 덜하긴 하겠죠. 그리고 저희 애들도 말썽 많이 부려요. 공부를 썩 잘하는 편도 아니고요. 하지만 사람들이 편견을 가지고 저를 바라보니까 그 말처럼 다 잘 지켜야 할 것 같고, 그러지 못하면 거짓말을 하고 있는 것처럼 불편해요. 때로는 누가 저를 지켜보고 있을까봐 주위를 살피게 되고요."

분명 자신에 대한 긍정적인 시각인데도, 그것이 불편하긴 마찬가지다. 아무리 의식하지 않으려 해도 편견은 족쇄처럼 단단하게 자신을 옭죈다.

사회의 편견은 둘째치고라도 자기 자신에 대한 편견은 한번쯤 되짚어볼 필요가 있다. 아니라고 부정하고 싶지만, 사람들은 사실 많은 부분 편견 안에 갇혀 산다. 자신과 관련한 편견은 크게 세 가지로 나눠 볼 수 있다. 나 스스로에 대한 편견, 남들이 바라보는 나에 대한 편견 그리고 내가 타인을 바라보는 편견이 그것이다.

나 스스로에 대한 편견

사람은 자신에 대해 누구나 갖고 있는 생각이 있다고 한다. 그 중 하나는 '나는 정의롭다' 이며 다른 하나는 '나는 잘생겼다(예쁘다)' 라는 것이다. 그러한 얘기를 듣고 고개를 갸우뚱했다. 극악무도한 살인마도 자신이 정의롭다고 생각할까? 누가 봐도 못생겼는데, 그 사람도 과연 자신을 잘생겼다고 생각할까? 그런데 내가 만난 사람들에게 일일이 질문을 해봤는데, 그 결과 모두 '그렇다' 는 대답을 했다.

자기만의 눈과 생각으로 평가하는 자기 자신. 편견으로 바라보는 자신의 모습은 과연 어떠한가? 자신에 대한 편견은 대개 긍정적이다. 예를 들어 내가 만든 나에 대한 편견은 이렇다.

"기우정은 불의와 타협하지 않는 사람이다."
"기우정은 명예를 가장 중요하게 생각하는 사람이다."
"기우정은 코치이므로, 일상에서도 코치답게 행동해야 한다."

사실 이건 편견이라기보다는 이상형에 가깝다. 자, 이제 내가 만든 편견에 대해 '정말 그럴까?' 하는 질문을 던져 보자.

기우정은 불의와 타협하지 않는 사람이다? 정말 그러한가? 골목길에서 담배를 피우고 있는 청소년들을 보고 무시한 채 지나친 적이 있으며, 한적한 길에서 무단횡단을 한 적도 있다. 명예를 중요하게 생각하는 사람이 맞긴 하지만 그 명예 때문에 가족이나 신의를 저버린 사람이 되고 싶은 마음은 없다. 내가 코치인 건 맞는 사실이지만 그 이전에 평범한 가장이요 남편이다. 그리고 자식이자 부모이기도 하다. 코치다운 행동으로 관계를 이어 가고 소통하는 것은 맞지만 그런 모습이 전부는 아니다. 많은 면 중 한 가지일 뿐이다. 한 면을 가지고 사람을 평가하는 것은 위험한 발상이다.

모든 사람은 보이는 대로 보는 것이 아니라 보고 싶은 대로 본다. 나이가 들수록 편견에 빠지기 쉽고, 그 편견에 따라 모든 것을 판단하고 본다. 나 자신의 시각도 마찬가지라서, 내가 보고 싶은 대로 보고 아는 한도 내에서 판단한다. 그것은 무의식적으로 반복되는 패턴이다. 하루 일과를 마치고 잠자리에 들기 전, 조용히 하루를 돌아보는 시간이 필요하다. 오늘 만난 사람을 떠올리며 혹시 편견을 가지고 그 사람을 대하지는 않았는지, 나누었던 대화가 편견에 사로잡혀 있던 것은 아닌지 생각해 보자. 편견을 갖고 있었다는 사실을 깨닫는 것만으로도 발전이 시작된다. 편견은 분명 극복해야 할 대상이며, 그것을 이루어 냈을 때 삶이 한층 풍요로워진다.

나 스스로의 대한 편견에 대해 기록

나는 ______________________________

나는 ______________________________

나는 ______________________________

나는 ______________________________

나는 ______________________________

남들이 바라보는 나에 대한 편견

자기가 생각하는 자신의 모습과 다른 사람이 바라보는 모습이 때론 다를 때도 있다. 수긍이 가는 부분도 있지만, 전혀 엉뚱하게 자신을 바라보는 관점은 당황스럽다. 예를 들어 점심시간에 혼자 식당에서 밥을 먹는 사람을 보면서 '저 사람은 같이 밥 먹어줄 사람도 없군. 왕따인가? 안됐어!' 하고 생각하기 쉽지만 사실은 그 반대일 수도 있다. 그는 회사에서 능력 있는 인기남으로, 오늘은 외근이 있어서 잠시 다른 지역에 나왔다가 맛집을 검색해서 모처럼 느긋하게 점심을 즐기고 있는 건지도 모른다.

출근 시간에 버스 안에서 코를 골며 자고 있는 사람을 보면 어떤 생각이 드는가? 게으르고 한심한 생각이 드는가, 아니면 격무에 시달리면서도 열심히 살아가는 것처럼 생각되는가? 결혼식장에서 눈물을 뚝뚝 흘리는 신부를 보면 어떤 생각이 드는가? 사연이 많은 사람 같은가, 아니면 너무 행복해서 감사의 눈물을 흘리는 것 같은가?

사실 그 사람이 처한 진실은 모른 채 편견만으로 상대방을 판단하는 경우가 많다. 마찬가지로, 나 또한 누군가에 의해 그렇게 판단이 된다. 남들이 바라보는 자신에 대한 편견에는 무엇이 있는가?

"기우정은 사람들의 고민을 잘 듣고 상담해 준다."

"기우정은 신중한 사람이므로 웬만해서는 화를 내지 않는다."

"기우정은 잘 웃는다."

정말 그럴까? 남들의 말과 평가가 내 귀에 달콤하게 들려, 혹시 남에게 보이기 위해 과장되게 행동한 적은 없었을까? 물론 나는 신중한 사람이며, 웬만해서는 화를 내지 않고 잘 웃는다. 그리고 사람들의 고민을 상담하는 역할도 많이 하고 있다. 하지만 그게 전부는 아니다. 신중한 만큼 판단하고 결정하는 데 시간이 오래 걸리고, 화를 내지 않고 삭이는 대신 혼자서 답답할 때가 있다. 사람들의 상담사 역할은 나의 소명이자 직업이기도 하다. 이렇게 보면 사람들의 평가가 틀린 것은 아니지만 그렇다고 100%일치하는 건 아니다.

사람들의 편견에 집착하다 보면 중심을 잃기 쉽다. 원래의 내가 아니라 사람들이 바라보는 나로 살아가기 위해 이리저리 휘둘린다. 그렇다면 다시 한 번 생각해 보기 바란다.

나에게 익숙한 것이 좋은 것인가?

나에게 친절한 것이 옳은 것인가?

나에게 굽실대는 것이 착한 것인가?

이러한 질문이 중심잡기에 도움이 되리라고 본다.

남들이 바라보는 나에 대한 편견

나는 ______________________________

나는 ______________________________

나는 ______________________________

나는 ______________________________

나는 ______________________________

내가 타인을 바라보는 편견

누군가를 떠올렸을 때, 순간적으로 떠오르는 편협된 생각이 있을 것이다. 띠동갑과 결혼하는 친구 소식을 들었을 때, 입으로는 '축하한다. 로또 맞았구나!' 하면서도 속으로는 '이 녀석이 돈을 많이 벌었다더니, 돈으로 환심을 샀구먼' 하는 생각이 든다. 초고속 승진을 한 친구에게 술을 얻어 마시면서도 '분명히 아부를 잘한 덕일 거야. 그 실력으로는 어림도 없지' 하고 현실을 부정하려는 마음에 상대방을 깎아내리기도 한다. 그밖에 타인에게 들이대는 잣대는 야박하다.

물론 호감을 갖고 있는 대상에 대한 편견도 있다. '중학교 2학년 때까지, 여자는 화장실도 안 가는 줄 알았다. 그런데 가만히 생각해 보니 여동생들이 화장실에 가더라. 그래서 여자도 화장실에 가는 걸 알았다' 고 말한 친구가 문득 떠오른다. 사춘기 소년이 만들어낸 편견이지만 이 정도는 귀엽다. 반면 우리 사회에 만연해 있는 장애인에 대한 편견, 동성애자에 대한 편견, 다문화 가족에 대한 편견 등은 차갑고 잔인하다. 그들은 단지 사회적 소수자라는 이유만으로 냉대를 당한다.

'편견' 에 대표주자격인 사람들이 있다. 그들은 유독 타인에게 배타적이고, 지연 · 학연을 매개로 편 나누기를 하려는 경향이 있다. 그리고 선거철마다 마이크에 대고 상대방에게 편견의 딱지를 붙인다. 그리고 그들 중 한 명은 국민의 대표로 나서서 정치에 직접 참여를 한다. 그들이 편견을 갖고 정치를 하는 동안 국민들은 그들이 만들어 놓은 색안경을 낀 채 세상을 바라보게 된다. 그렇게 누군가 만들어 놓은 틀 안에서 자신도 모르는 사이에 물들어 버리는 것, 그것이 사회적 편견이다.

개인에 대한 편견은 그 사람의 가치관과 관련이 있다. 세상을 삐딱하게 바라보고 부정적으로 생각하는 사람에게는 부정적인 편견이 가득하다. 가치관이 올바르고 건전한 사람에게는 긍정적인 편견이 있다. 색안경을 낀 채 세상을 바라보면 올바르게 판단하기 힘들므로, 긍정적인 편견이든 부정적인 편견이든 편견에 휘둘리지 않는 게 중요하다. 그러려면 습관적으로, 무의식적으로 편견에 사로잡히는 자신을 먼저 인식해야 한다.

내가 가진 편견

1. 나는 어떤 분야의 사람에 대한 편견을 가지고 있는가?
2. 편견으로 인해 말다툼을 한 적이 있는가?
3. 편견에 사로잡힌 다른 사람을 볼 때 어떤 생각이 드는가?
4. 편견은 사실일까?
5. 편견은 어디에서 오는 것일까?

2 본질과 편견 구분하기

앞서 '편견은 사실일까?' 하는 질문을 통해 본질과 편견을 구분하고자 했다. 굳이 편견과 본질을 구분해야 할 이유가 있을까? 그것은 자신에 대한 편견, 사람들이 만들어 놓은 편견으로부터 자유롭지 못하면 행동하는 데 있어서 주눅이 들고 자신감이 떨어지기 때문이다. 다른 사람의 눈치를 살피느라 속으로 안절부절 못하는 자신과 만나고 싶지 않다면 편견에서 벗어나기 위해 노력해야 한다. 편견일 뿐 본질이 아니라는 사실을 깨달을 때 새로운 도전과 적극적인 사고가 가능하다. 하지만 편견이란 것 자체가 무의식적으로 일어날 때는 그것이 사실인지 아닌지 구분하기가 어렵다. 그러므로 본질과 편견을 구분하기 위해서는 기준이 되는 원칙을 갖고 있어야 한다.

원칙 세우기

의심해본다

우선 번뜩 떠오르는 편견에 대해 '이것이 사실일까, 편견일까?' 하고 의심해 볼 필요가 있다. 그것이 사실이라면 인정하고, 편견이라면 과감히 깨버려야 한다. 그것이 편견에 대처하는 첫 번째 원칙이다.

자신에 대한 편견을 한 가지 떠올려 보자. 예를 들어 "나는 소극적인 사람이야"라는 편견을 가지고 있다면, '정말 나는 소극적인 사람일까?' 하고 의심해 보는 것이다. 먼저 자신을 소극적인 사람으로 생각하게 된 계기가 있을 것이다. 짝사랑하던 여자에게 고백 한 번 못한 채 속앓이만 했다든지, 학생 시절 너무 떨려서 수업 시간에 발표를 제대로 못했다든지, 실수할까 봐 주저하는 행동이 잦다든지……. 살아오면서 있었던 갖가지 일들이 자신을 소극적인 사람으로 생각하게 만들었을 것이다. 그리고 사소한 일들이 누적되면서 점점 더 소극적인 사람으로 변했을 것이다.

원인 없는 결과는 없다. 만약 소극적인 사람으로 평가할 만한 사건이 없었다면 그 사람은 소극적인 성격으로 바뀌지 않았을 것이다. 원래부터 소극적인 것이 아니라 환경과 사건들이 그를 소극적인 사람으로 몰고 간 것이다.

반대로 생각해 본다

이제 원래 자신의 모습, 즉 본질을 따져볼 때다. '나는 적극적인 사람이다' 라는 가정 하에, 기억을 더듬어 보자. 자신이 자랑스러웠던 적, 대견했던 순간은 언제인가? 적극적이라고 칭찬 받은 적이 있는가?

어린 시절 웅변대회에 나가 상을 받은 사람도 있을 것이다. 연극동아리 활동을 한 사람도 있을 것이고, 모임에서 총무나 회장을 맡아 그룹을 이끌었던 사람도 있을 것이다. 입사 당시 면접시험에서, '최종 목표는 회사 대표이사' 라고 말해서 면접관으로부터 박수를 받은 사람도 있을 것이다. 과거 기억 속 어딘가에 분명히 소극적이지 않은 자신의 모습이 존재할 것이다.

그때의 모습을 떠올리며 감정도 함께 떠올려 보자. 칭찬 받아서 기분이 좋아지고, 우쭐하고, 부모님이나 선생님으로부터 칭찬을 듣고, 그룹 친구들로부터 인정받고……. 그때는 자존감도 높았고, 무엇이든 해낼 것 같은 자신감도 있었다. 편견이 작용하지 않았을 때 당신은 훨씬 더 괜찮은 사람이었다.

본질을 확인한다

소극적인 모습도 자신이고, 적극적인 모습도 자신이다. 그렇다면 자신의 본질은 어떤 모습인가? 명확히 따졌을 때, 본래는 적극적인 사람이었으나 살아오면서 소극적으로 변했다. 둘 중 누가 옳다 그르다 혹은 좋다 나쁘다고 평가할 수는 없지만, 사회에서는 적극적인 사람에게 후한 점수를 준다. 그리고 소극적인 사람보다는 적극적인 사람이 자기 삶의 만족도가 높다.

'해도 후회 안 해도 후회할 일이라면 일단 한번 해보자' 는 게 적극적인 사람의 생각이고, '해도 후회 안 해도 후회할 일이라면 뭐하려고 해' 하는 게 소극적인 사람의 생각이다.

도전하는 사람에게는 결과가 주어진다. 그것이 '성공' 이든 '경험' 이든 남는 게 있다. 그러나 아무 것도 하지 않는 사람에게는 아무것도 주어지지 않는다. 삶이 한 장 한 장 백지로 넘어가고 있는 것이다.

그런데 아이러니하게도, 내면에 있는 다양한 자신을 불러내는 건 바로 자신이라는 점이다. 적극적인 자신을 깨워 불러내면 적극적인 사람이 되고, 소극적인 자신을 불러내면 소극적인 사람이 되는 것이다. 그 선택은 다른 누군가가 해주는 게 아니라 자신만 할 수 있다.

자신의 어떤 모습과 만나고 싶은가? 어떤 모습으로 세상에 등장하고 싶은가? 사람들 앞에서 편견 없이 당신의 본질을 말하라고 한다면 무엇이라고 정의할 것인가?

자신에게 이해시킨다

'원하는 대로 자신의 모습을 만든다고? 시크릿이라고, 대단한 것처럼 그렇게 말해 봤자 다 웃기는 소리야. 그렇게 쉬운 일이라면 다들 성공해서 잘 먹고 잘살았겠지, 뭐 때문에 다들 아등바등 난리겠어.'

자기계발서를 많이 읽은 사람들은 말한다. 다들 하는 말이 거기서 거기라고. 좋은 말인 건 알지만 그건 특별한 사람들에게나 해당하는 것일 뿐 자기와는 상관없는 일이라고. 맞는 말이다. 이렇게 생각하는 사람에게는 자기와 상관없는 일일 뿐이다.

노력한다고 해서 누구나 성공하는 건 아니다. 그러나 성공한 사람 중에 노력하지 않은 사람은 없다. 마찬가지로, 자기계발을 위해 성공 지침을 실천하는 사람은 성공할 확률이 그만큼 높아진다. 무엇보다도 이러한 사실을 자신이 먼저 이해해야 한다.

다른 사람이 하는 말에 수긍이 가지 않는다면 자신의 목소리로 자기 자신을 이해시켜라. 무엇이 자신에게 이로운지, 어떻게 행동해야 성공에 가까워지는지 자신에게 설명하라.

지인인 목사님과 대화를 하던 중 그분이 들려주신 이야기에 폭소를 터뜨린 적이 있다. 하루는 고등학교에서 수학을 가르친다는 분이 찾아와, 도대체 천당과 지옥이 어디에 있느냐며, 자기는 눈에 보이는 것만 믿는 사람이라고 했다는 것이다. 천당과 지옥을 보여준다면 자기도 교회에 다니겠다고 했다는 것이다. 그래서 목사님께서 이렇게 말씀하셨다고 한다.

"천당과 지옥이 있는지 없는지는 나도 잘 모르겠습니다. 아무튼 사람은 다 죽게 마련이니, 종교를 갖고 있는 사람도 죽고 종교가 없는 사람도 죽겠지요. 종교를 갖고 있는 사람이 죽고 보니 천당과 지옥이 없더란 말입니다. 그러면 그만입니다. 그런데 천당과 지옥이 있으면 이 사람은 천당에 가겠지요. 반대로, 종교가 없는 사람이 죽고 보니 전당과 지옥이 없더란 말입니다. 그러면 그만입니다. 그런데 천당과 지옥이 있으면 이 사람은 어떻게 될까요? 당신이라면 어떤 것을 선택하겠어요?"

당신에게도 현명한 선택이 필요하다. 자신을 설득하고 이해시키는 데 성공한다면 원하는 결과를 얻을 수 있을 것이다. 편견을 걷어내고 자신의 본질을 확인하는 마지막 단계는 자신에 대한 이해다.

칭찬한다

러시아의 작가 막심 고리키는 "칭찬은 평범한 사람을 특별하게 만드는 마법의 문장이다"라고 말했다. 그의 말처럼 칭찬은 마법의 힘을 가지고 있어서, 간혹 기적을 만들어내기도 한다. 그러나 우리는 칭찬에 얼마나 인색한가! 칭찬은 짧게 끝내는 반면 비판을 하는 데는 열과 성을 다한다. 그러다보니 칭찬을 하는 데나 칭찬을 듣는 것이 익숙하지 않은 것은 마찬가지다.

그러나 현대를 살아가는 사람들에게는 위로와 격려가 필요하다. 서점가 베스트셀러 목록에서 힐링을 주제로 한 책이 1위부터 10위를 전부 석권한 이유가 바로 거기에 있다. 학생들에게는 학교가 지옥 같고 친구가 경쟁자며, 직장인들에게는 직장이 전쟁터요 동료가 적군이 된 세상이다. 이러한 치열하고 각박한 상황을 이겨나가는 데 큰 힘은 '괜찮아', '잘했어', '넌 최고야' '대단한데!' 등의 칭찬이다.

문제는, 다들 칭찬에 굶주려 있으면서도 정작 다른 이들을 칭찬하는 데는 인색하다는 점이다. 사람의 목소리는 메아리를 가지고 있다. 그래서 입을 떠난 말은 다시 내 귀로 돌아온다. 이것을 기억하라. 자신이 듣고 싶은 칭찬이 '여유로워 보인다'는 말이라면 누군가에게 "참 여유로워 보이시네요" 하고 말해 보라.

그 말이 곧 자신의 귀로 들어올 것이다. 유능하다는 칭찬을 듣고 싶다면 다른 사람에게 “유능하시군요” 하고 말하라. 곧 메아리가 들릴 것이다.

자신의 주변에 있는 부모, 배우자와 자녀, 연인, 친구, 동료, 직원 등 모두에게 지금 당장 칭찬의 말을 한다면 당신은 지금 당장 그 메아리를 들을 수 있다. 그러한 칭찬이 에디슨을 만들었고 헬렌 켈러를 탄생시켰다. 그리고 분명 당신을 변화시킬 것이다.

원칙이 없을 때는 자신이 만든 편견에 갇혀 혼란에 빠진다. ‘의심해 본다, 반대로 생각해 본다, 본질을 확인한다, 자신에게 이해시킨다, 칭찬한다’ 라는 5가지 원칙을 세우고 나면 자신에 대한 편견에 맞닥뜨렸을 때 스스로 깨쳐 나가는 힘이 생긴다.

3 자신의 무기는 무엇인가?

'무기' 라고 하면 사람들은 공격을 떠올리지만, 사실 '무기' 는 자신을 돋보이게 하는 최고의 생존수단이다. 자기계발서나 처세, 성공을 다룬 책들을 보면 하나같이, '목표를 세워라' , '비전을 명확히 하라' , '된다고 믿어라' 등 비슷비슷한 말들뿐이다. 20세기 때나 21세기인 지금이나 그 내용은 마찬가지다. 하지만 그 말에 감동을 받고 스스로 동기를 부여할 만큼 순진한 사람은 없다. 계몽운동의 구호처럼 뻔한 내용이 아니라, 좀 더 구체적이고 현실적인 지침이 필요하다.

시대는 하루가 다르게 변하고 있으며 사람들마다 복잡하고 세분화된 삶을 살아가고 있다. 개인 개인마다 맞춤형 처방전이 필요하다. 경쟁사회에서 살아남을 수 있는 자신의 가치를 높이는 일, 나는 이것을 '무기' 라고 부르고 있다. 자신의 무기가 무엇인지, 그것을 어떻게 하면 더 돋보이게 갈고 닦을 수 있는지, 혹시 무기가 무뎌지고 있지는 않은지 수시로 점검하고 계발하려는 노력이 필요하다.

자신의 무기를 찾아라

'무기' 라고 해서 거창한 무언가를 말하는 것은 아니다. 자신이 최대 능력을 발휘할 수 있는 한 가지면 족하다. 예를 들어 사람들과 쉽게 가까워지는 친화력, 추진력이나 리더십, 말을 잘하거나 글을 잘 쓰는 능력, 외국어를 능숙하게 하는 실력, 컴퓨터를 잘 다루는 기술력, 손재주 등 자신이 속해 있는 분야에서 돋보일 수 있는 것이 자신의 '무기' 다.

무기는 가만히 두면 녹슨다

세상에 하나밖에 없는 보검이라고 해도 창고에 묵혀두면 일 년을 버텨내지 못하고 녹이 슬기 시작한다. 무기는 가만히 모셔두고 보는 것이 아니라 늘 갈고 닦았다가 필요할 때마다 꺼내 쓰는 것이다. 타인의 무기가 자신의 것보다 뛰어나 보일 때는 재빨리 업그레이드를 해야 세상에서 무기로 인정받을 수 있다.

무기는 자랑할수록 빛이 난다

겸손이 미덕인 시대는 20세기와 함께 막을 내렸다. 이제는 자신을 상품화하고, 포장하고, 마케팅해서 가치를 높여 가는 시대다. 그렇다고 해서 거짓을 말하거나 과장하라는 것이 아니다. 자신의 능력을 가장 효과적으로 사람들에게 알리라는 것이다.

누구네 집 옷장 속에 금두꺼비가 있는지 고려청자가 있는지 알 길이 없다. 무기는 감춰 두면 아무도 모른다. 자랑할 게 있다면 꺼내서 자랑하자.

무기는 희소성과 특별함이 생명이다

누구나 가지고 있는 무기는 경쟁력이 떨어진다. 다들 돌도끼를 들고 싸울 때는 쇠도끼가 최고의 무기가 되지만, 누구나 쇠도끼를 들고 있다면 그때는 활과 총이 최고의 무기가 된다. 2000년대 초만 해도 '인터넷정보검색사' 라는 자격증을 따기 위해 사람들이 컴퓨터 학원으로 몰렸다. 인터넷에 떠도는 방대한 자료를 검색하여 고객이 원하는 정보를 찾아 주는 '인터넷정보검색사' 가 21세기에 가장 유망한 직업으로 주목을 받았기 때문이다.

그러나 그로부터 얼마 지나지 않아 마이크로소프트의 익스플로러 같은 편리한 프로그램이 보편화되고 네이버, 야후 같은 검색 포털 서비스가 확대되면서 누구나 쉽게 정보를 검색할 수 있게 되었다. 그리고 '인터넷정보검색사' 자격증은 무용지물이 되고 말았다.

무기는 쓰임새가 중요하다

흔히 '강도의 칼은 사람을 해치지만 의사의 칼은 사람을 살린다'고 말한다. 이것은 도구를 어떤 용도로 사용하느냐가 중요하다는 뜻이다. 컴퓨터 천재와 해커는 실력의 차이가 아니라 자신의 능력을 어떤 용도로 사용하느냐의 차이일 뿐이다.

마찬가지로 무기는 어떻게 쓰느냐에 따라 약이 될 수도 있고 독이 될 수도 있다. 자신의 무기가 사람들 사이에서 약으로 쓰일 수 있도록 마인드를 강화할 필요가 있다.

무기는 많다고 좋은 게 아니다

업무면 업무, 운동이면 운동, 음주가무는 물론 외국어까지 다방면에 능력이 뛰어나 팔방미인 소리를 듣는 사람들이 있다. 그래서 엄친아, 엄친딸이라는 말이 생겨나기도 했다. 하지만 무기가 아무리 많다고 해도 그것을 사용할 수 있는 몸은 하나뿐이다. 여러 가지에 신경을 쓰려면 그나마 잘하던 한 가지마저도 실수하기 십상이다.

다른 사람의 무기가 부럽다고 해서 그것을 뒤쫓으려 하지 마라. 그러면 2인자 자리를 면하기 어렵다. 차라리 그 시간에 자신이 가진 무기 한 가지라도 잘 갈고 닦는 게 낫다. 무기의 가짓수가 중요한 게 아니라 그 무기를 얼마나 능숙하게 잘 다루느냐가 관건이다.

무기와 무기의 대결은 피할 수 없다

가위바위보를 할 때, 똑같은 손을 낸 사람끼리는 승패가 날 때까지 계속 겨뤄야 한다. 앞서 말한 것처럼, 무기는 경쟁사회에서 살아남기 위한 도구다. 그러다 보니 비슷한 무기를 가진 사람이 모인 자리에서는 대결을 피할 수 없다.

'프레젠테이션의 잡스'로 알려진 A업체 김 대리와 '프레젠테이션의 마이더스'로 알려진 B업체 박 대리가 현장에서 만났다면 두 사람은 회사의 명예와 팀의 실적을 두고 경쟁에 들어가게 된다. 자신이 가진 무기를 가지고 살아남기 위해 최대한 실력 발휘를 해야 하는 것이다. 서로 다른 무기를 가지고 있었다면 같은 현장에서 만날 일이 없겠지만 무기가 비슷하다 보니 종종 만날 일이 생겼다. 승패가 갈리는 상황에서 번번이 패배의 쓴잔을 마시고 싶지 않다면 무기 관리와 연마에 특별한 노력이 필요하다.

4 틀 부수기

모양을 만들려면 틀이 있어야 한다. 틀이 올바르면 올바른 모양이 나오고, 틀이 편견으로 왜곡돼 있으면 엉망으로 틀어진 모양이 나온다. 아무리 공을 들여 봐도 틀이 어긋나 있으면 결과는 늘 마찬가지다.

틀을 부수고 나와야 자유와 만날 수 있다

자신의 모습이 지금보다 행복하고 발전하길 원한다면 과감히 수정 작업에 들어가야 한다. 그러나 한 번 굳어진 편견의 틀을 바꾸기란 쉽지 않다. 수정이 힘들 때는 과감히 틀을 부수고 처음부터 다시 시작한다는 마음가짐으로 접근하는 게 낫다. 초심으로 돌아가는 것이며 곧 겸손해지라는 뜻이다.

"편견이 그렇게 나쁜 건가요? 많은 사람들이 비슷비슷하게 생각하며 살지 않나요? 사고의 틀을 새롭게 만들어야 한다면 안

할래요. 여태 불편함 없이 살았는데 뭘 새삼스럽게……."

이렇게 말하는 사람을 여럿 보았다. 나는 그들에게서 '부서지는 것에 대한 두려움' 그리고 '새로운 것을 시작하는 것에 대한 불안감'을 엿보았다. 당연하다. 익숙하지 않은 것, 새로운 것에 대한 도전은 늘 그런 느낌이다. 하지만 편견의 단단한 틀을 부수고 나왔을 때의 자유로움을 조금이라도 맛본 사람이라면 자신의 내면에서 생겨나는 편견과 맞서는 걸 즐기게 될 것이다.

장난감 블록의 장점은 수 천 수 만 가지의 모양을 만들 수 있다는 것이다. 단, 그러기 위해서는 만들어 놓은 블록을 부수어야 한다. 부수어야 새로운 모양을 만들 수 있다. 만들어 놓은 게 아까워서 혹은 다시 잘 만들 수 있을지 자신이 없어서 부수지 않는다면 그것은 이미 블록으로서의 생명력을 잃었다. 더 이상 변화하지 않고 발전도 없는 단단한 플라스틱 조각에 지나지 않는다.

편견의 틀은 학습된 것이다

아기용품점을 서성거리고 있으면 직원이 다가와서 묻는다.

"아들인가요, 딸인가요?"

아들이라고 하면 파랑색이나 하늘색 옷을 권하고 딸이라고 하면 여지없이 분홍색 옷을 권한다. 그러면 손님은 직원이 권유

한 것을 아무 거부감 없이 사들고 매장을 나선다.

말괄량이 왈가닥인 여자아이는 하루에서 몇 번씩 "너는 여자 아이가 왜 이 모양이야?", "여자가 칠칠맞게 이게 뭐니?" 하는 소리를 듣는다. 반면 소극적이고 울보인 남자아이는 "어허, 남자가 그렇게 울면 고추 떨어진다", "사내 녀석이 앞장서서 해야지, 계집애처럼 우물쭈물 뭐 하는 거야?"라는 소리를 듣는다. 우리나라에서는 "남자는 남자답고, 여자는 여자다워야 한다"는 생각이 지배적이다. 남자답다는 것은 짧은 머리에 바지를 입고, 씩씩하며 용감한 것을 말한다. 그리고 여자답다는 것은 얌전하고 순종적이며 약한 것을 말한다. 그것이 우리 사회의 편견이다. 그래서 '남자 같은 여자' 나 '여자 같은 남자' 를 보았을 때 잘못되거나 틀렸다고 생각한다.

태어나면서부터 타인에 의해 구분되고, 타인의 시선으로부터 자유롭지 못한 채 '남' '여' 로 성장한다. 그리고 알게 모르게 반복학습을 하며 자신도 동일한 편견을 갖게 되는 것이다. 프랑스 철학자이자 소설가인 시몬 드 보브아르는 이렇게 말했다.

"남자는 인간으로 정의되고, 여자는 여성으로 정의된다. 여자가 인간으로서 행동할 때마다 남성을 흉내 내려 한다고 말한다. 여자는 여자로 태어나는 것이 아니라 여자로 양육되는 것이다."

남녀에 대한 편견, 장애인에 대한 편견, 흑인에 대한 편견, 동양인에 대한 편견, 군인에 대한 편견, 부자에 대한 편견, 가난한 사람에 대한 편견, 선생님에 대한 편견 등 세상의 많은 편견들이 다 이와 같다. 이처럼 편견은 사회의 분위기와 규율, 관습 등에 따라 끊임없이 반복되면서 뿌리가 깊어졌다. 그렇게 때문에 편견에 대립하는 누군가가 나타나면 사람들은 그를 공격한다. 자신들의 뿌리가 흔들린다고 생각하기 때문이다.

이것은 사회적 편견뿐만 아니라 스스로 자신을 옭죄고 있는 편견도 마찬가지다. 실패의 경험, 비교당한 경험, 창피했던 경험, 공격받은 경험 등 부정적인 감정들이 쌓이면서 세상을 바라보는 편견이 만들어진다. 이렇게 만들어진 편견은 거부감, 저항감, 반항, 분리와 단절 그리고 우월감, 교만함, 비아냥거림처럼 다른 사람에게 불쾌함을 주는 다양한 형태로 표현된다. 자신이 부족하다고 생각하는 면을 감추기 위해 반대의 감정들을 끌어다가 표현하는 것이다.

편견의 틀이 단단할수록 자신을 가둔 감옥이 더 단단하다. 그리고 감옥이 단단할수록 그곳에서 벗어나기는 더욱 힘들다. 편견의 잣대를 기준으로 늘 불평불만을 털어놓고 교만한 사람 곁에 과연 누가 남아 있을까? 상대방의 말에 공감하지 못하고 비아냥거리는 사람을 누가 좋아할까? 결국 자신을 방어하기 위해 쳐둔 편견의 틀이 자신을 사람들로부터 분리시킨 것이다.

앞서 살펴본 것처럼 편견은 거듭된 학습 효과다. 편견이 학습된 것처럼, 편견에서 벗어나기 위해서도 학습이 필요하다. 그러나 이 둘 사이에는 다른 점이 있다. 편견은 무의식적으로 학습이 되지만 그것에서 벗어나는 일은 의식적으로, 의도적으로 학습해야 한다는 것이다. 자기도 모르는 사이에 편견에 사로잡혀 자신과 세상을 바라보고 있다면 가장 먼저 '아, 지금 내가 편견을 갖고 있구나!' 하는 것을 알아차려야 한다. 알아차리지 못하면 학습할 수 없다.

앞서 얘기한 '본질과 편견 구분하기' 중 원칙 세우기 항목을 떠올리며 천천히 원칙에 따라 본질과 편견을 구분하라. 본질이라면 그대로 수용하고 편견이라면 원칙대로 부수기 작업에 들어가라.

편견의 틀은 비교할 때 더욱 단단해진다

편견에는 늘 비교 대상이 있다. 공부 잘하는 학생이 있으면 공부 못하는 학생이 있다. 공부 못하는 학생은 상대적으로 성실하지 못하거나, 머리가 나쁘거나, 불량할 것이라는 편견을 가지고 있다. 나이든 사람은 젊은 사람에 비해 약하고 고리타분한 생각을 가지고 있을 거라는 편견, 사장은 비싼 외제차를 타고 돈을 흥청망청 쓸 거라는 편견, 아침에 퇴근하는 사람은 유흥업에 종사하거나 행실이 올바르지 않을 거라는 편견…….

이 많은 편견은 비교에서 비롯된 것이다. '엄친아' 나 '엄친딸' 도 비교하는 가운데 생겨난 신조어다. 사람을 있는 그대로 보는 게 아니라 누군가와 비교를 할 때 편견이 생겨난다. 자신을 누군가와 비교할 때도 편견이 생긴다.

'저 사람은 나랑 동갑인데 벌써 차장이라니! 난 만년 과장에서 벗어나지 못할 거야.'

'저 여자는 날씬하고 예쁘니까 분명 멋진 애인이 있겠지? 뚱뚱한 나를 좋아해 줄 남자는 없을 거야.'

'저 사람은 젊은 나이에 저런 값비싼 차를 타는 걸 보니 부모가 재산 깨나 있는 모양이군. 물려줄 재산이라곤 한 푼도 없는 우리 부모님 때문에 나한테 저런 차는 그림의 떡이지.'

흔히 우스갯소리로 '부러우면 지는 거다' 라는 말을 하는데, 사실 이 말은 뼈대 있는 일침이다. '부럽다' 란 감정은 거기에서 끝나는 게 아니라 자기 비하감과 연결되기 때문이다. 그러나 한

가지 잊지 말아야 할 것이 있다. "나"는 이 세상에 단 하나밖에 없는, 희소성 있는 존재라는 사실이다. 골동품이나 명품이 가치 있는 이유는 희소성에 있다. 그래서 한정판으로 나오는 명품일수록 값어치가 더 높다. 하물며 이 세상에 단 하나밖에 없는 "나"의 존재를 무엇과 비교할 수 있을까.

그리고 내가 특별하고 귀중한 만큼 세상에 존재하는 각각의 사람들이 다 존엄하고 특별하다. 그것은 각각이 다 다른 특징을 갖고 있다는 뜻이지, 누가 더 우월하고 누가 더 중요하다는 말이 절대 아니다. 꽃마다 향기와 색이 다른 것처럼 사람도 고유의 향기와 색을 가지고 있다. 하지만 절대적인 것은, 꽃 중에 아름답지 않은 꽃은 없다는 사실이다. 먼저, 자신이 명품 중의 명품이라는 사실을 기억하라. 그러면 비교할 대상이 없다. 비교하지 않는다면 자신에 대한 부정적인 편견은 생기지 않을 것이다.

편견의 틀을 부수면 가능성이 보인다

편견은 깊은 우물과 같다. 우물 안에서 바라보면 하늘이 우물 입구 만하게 보인다. 그리고 우물을 세상의 전부인 줄 알고 살아간다. 차라리 비슷비슷한 개구리끼리 그 상태로 살아가면 문제가 없다. 하지만 자기 발전과 성공, 행복을 찾고자 하는 사람에게는 어느 순간 우물 안에서 폴짝거리는 자신의 모습이 보인다. 거기서부터 갈등이 시작되는 것이다. 왜냐하면 자신이 만든 편견이든 다른 사람이 만든 편견이든, 우물 안에 갇혀 있는 것은 자신이기 때문이다.

편견의 틀 부수기 작업은 '편견'의 우물에 빠져 있는 자신을 발견하는 그 순간부터 시작된다. 알아차리면 자연스럽게, 그것으로부터 벗어나야겠다는 생각이 든다. 옛 속담에서 '시작이 반이다'라고 한 것처럼, 생각하고 마음먹었다면 반은 이루어진 것이나 다름없다. 어떤 생각이 떠오를 때 그것이 본질인지 편견인지 저울 위에 올려본다(~~페이지, 원칙 세우기 참고). 습관적으로 하나하나 천천히 연습하다 보면 본질과 편견을 구분하는 일이 그리 어렵지 않게 이루어진다.

폴짝폴짝 뛸 줄만 알았던 개구리가 우물 벽을 엉금엉금 기어올라 드디어 세상으로 나왔다면, 그의 눈에는 새로운 세상이 펼쳐질 것이다. 마치 심봉사가 눈을 떴을 때의 심정이랄까. 그간 보이지 않던 것들이 보이고 들리지 않던 것들이 들린다. 편견 너머의 세상은 다채로움과 무한한 가능성으로 가득 차 있다. 이제는 가고 싶은 방향으로 한 걸음씩 내딛으면 된다. 우물 속에서 맴돌 때와 달리 앞으로 나아갈 수도 있고 옆으로 갈 수도 있다.

사고가 편견을 깨고 나오면 가능성이 열린다. 진로를 고민하고 있다면 새로운 길이 보인다. 새로운 사업을 구상하거나 전업을 생각하고 있다면 아이디어가 떠오를 것이다. 주변 사람들도 다시 보게 될 것이다. 물론 가장 큰 변화는 편견에서 벗어나 새로운 가능성을 향해 나아가는 자신의 변화일 것이다.

다음 장에서는 셀프 코칭의 중요성과 성과를 경험한 나의 일화와 사례를 통해, 셀프 코칭이 무엇인지 그리고 어떻게 적용해야 하는지 살펴 보자.

KEY POINT

장애인 연기를 가장 잘하는 장애인

행위예술가이자 무용가인 강성국 씨. 그는 우리나라 연극 무대는 물론 스위스 무용축제, 독일 초청공연 등을 통해 이미 전 세계에 이름을 알린 유명인이다. 무대 위에서 그는 장애인 연기를 완벽하게 소화해 낸다. 사람들은 '도대체 저 사람이 누구기에 장애인 연기를 저렇게 잘하느냐, 연기력이 대단하다' 며 감탄한다. 그 또한 자신 있게 말했다. 아마 자기보다 더 장애인 연기를 잘하는 사람은 없을 거라고. 왜냐하면 그는 실제로 뇌병변 장애 1급의 장애인이기 때문이다. 걸을 때도 중심 잡기가 힘들고, 말 한 마디를 내뱉으려면 얼굴 근육 전체가 씰룩거린다.

남들은 장애인 연기를 위해 애써 노력하지만 그에게 장애인 연기는 가장 쉬운 일상이다. 장애가 있기에 할 수 없는 일도 있지만 장애 덕분에 할 수 있는 일도 많다. 그에게 장애는 좌절과 단절의 절벽이 아니라 남들과 구분되는 자신만의 특징인 셈이다. 그리고 남과 다르기 때문에 그는 더욱 주목을 받고 있다.

그에 대해 잘 모르는 사람들은 그를 보면서 '불쌍하다' 고 말한다. 난폭한 성격, 가난한 생활, 의존성이 높은 대인관계 때문에 그가 사람들로부터 기피 대상일 거라고 짐작한다. 그에게 기대를 걸거나 용기를 북돋워 주려는 사람은 없다. 하지만 그가 이미 국제적으로 유명한 사람이라는 사실을 알게 되면 태도가 정반대로 바뀐다. 장애를 극복한 훌륭한 청년 예술가로서 존경의 대상이 되는 것이다. 사람은 그대로인데, 장애인에 대한 편견을 걷어내자 행위예술가이자 무용가인 강성국 씨의 모습이 드러났다.

장애와 편견을 극복한 세계 최초 육상 3관왕

1960년 로마올림픽 육상에서 여자선수로는 최초로 올림픽 3관왕이 탄생했다. 윌마 루돌프, 그녀는 가난한 흑인 가정에서 22명의 자녀 중 20번째로 태어났다. 하지만 작고 몸이 약해서 의사들은 그녀가 돌을 넘기기 힘들 것이라고 했다. 더군다나 네 살 때는 폐렴과 성홍열 때문에 한 쪽 다리가 마비되는 시련을 겪었다.

소아마비 상태의 그녀가 달리기를 한다고 했을 때 사람들은 콧방귀를 뀌었다. '달리기는커녕, 걸음이나 제대로 걸으라고 해!' 사람들은 그녀의 뒤뚱거리는 걸음걸이를 비웃었다. 하지만 1956년 멜버른올림픽에서 16세의 나이로 동메달을 땄고, 그로부터 4년 뒤 로마올림픽에서는 세계 신기록 2개, 올림픽 신기록 1개를 수립하며 여자선수로는 세계 최초로 올림픽 3관왕이 되었다.

올림픽 기록이 화제가 되면서 그녀의 삶이 재조명 받기 시작했다. 흑인이자 여자이며 더군다나 장애를 갖고 있는 사람이 모든 장애와 편견을 극복하고 금메달리스트가 된 것은 위대한 인간승리였다. 윌마 루돌프는 미국 내에서 인지도 있는 인사로 거듭났고 이후 흑인 · 여성 인권 운동가로서 활동했다.

윌마 루돌프의 묘비명에는 그녀의 가치관과 신념이 잘 드러나 있다.

"내가 젊은이들에게 남기고 싶은 유산은, 원한다면 무엇이든지 될 수 있다는 깨달음이다."

'슈퍼고졸' 로 소셜커머스계의 전설이 된 청년

고등학교 대강당에 천여 명의 학생들을 모아 놓고 열강을 하고 있는 사람은 그저 형뻘 정도로 보이는 젊은 청년이었다. 대부분의 강사가 스카이(SKY) 대학교의 학력과 지긋한 나이를 가지고 있는데 반해 그는 이제 스물 중반의 고졸 출신 강사였다. 하지만 학생들은 어느 때보다 집중해서 그의 강의를 듣고 있었다. 그간 뜬구름 잡는 식의 '좋은 소리' 는 많이 들어봤어도 자신들과 비슷한 상황에서 갈등한 현실적인 얘기는 처음 들었던 것이다.

고등학교를 졸업한 뒤 대학 진학이 아니라 창업에 뛰어든 강남구 아이엔지스토리 대표. 그를 처음 소개하는 자리에서 사람들은 '네?' 하고 다시 한 번 질문하게 된다.

"강남구라구요? 강남구에서 지원하는 기업인가요?"

아니다. 부모님께서 선견지명으로 작명한 그의 본명이 강남구다. 갑작스런 아버지의 사업 실패로 형편이 어려워지자 강남구 대표는 고교 시절부터 돈 버는 일에 관심을 갖게 되었다. 그가 맨 처음 시작한 일은 구제 옷가게에 가서 청바지를 사다가 잘 손질한 뒤 온라인상에서 되파는 것이었다. 초기 자본금 2만 원. 2만 원짜리 청바지를 사다가 4만원에 팔았다. 그리고 다시 4만 원어치를 사다가 2배를 받고 팔았다. 그렇게 하다 보니 1년도 안 돼 월매출 2천만 원의 고액소득자가 돼 있었다. 그것이 고등학교 2학년 때의 일이었다.

이후 강 대표는 대학 진학 대신 창업을 선택했고 실패의 경험도 맛보았다. 하지만 좌절하지 않고 도전하여 우리나라에서 손꼽히는 한 소셜커머스 회사에 입사, 최연소 임원이 되면서 억대연봉을 받기도 했다. 그렇게 소셜커머스계의 전설이 된 그는 새로운 꿈에 도전, 회사를 나와 진로직업 멘토링 사업인 (주)아이엔지스토리를 창업했다.

우리나라 전체 국민 중 66%가 대학에 진학한다는 이 시대, 강남구 대표는 고졸 출신이라는 편견에 아랑곳하지 않고 성공한 사업가로서의 길을 걸어가고 있다.

CHAPTER 3

나는 나를 코칭한다

코치는 가르치는 사람이 아니다. 고객에게 질문하고 그의 말을 경청하면서, 고객이 보다 나은 삶을 사는 데 필요한 답을 스스로 찾도록 도와주는 역할을 하는 사람이다.

1 나의 셀프 코칭은 이렇게 시작되다.

몇해 전 각 부서 팀장들과 함께 제주도 여행을 다녀왔다. 말이 여행이지, 사실 2박 3일 동안 제주 올레길을 자전거로 달려 190km를 완주하는 과제를 안고 있었다. 누구에게야 우스운 거리였지만, 평소 운동량이 적은 직장인들에게는 엄두도 못 낼 거리였다. 그래서 제주 여행이 설렘보다는 부담감으로 가득 차 있었다. 팀장들의 표정을 보아하니 나와 별반 다르지 않아 보였다. 경치 좋은 곳에서 좀 쉬려나 싶었는데, 떡하니 받아든 스케줄 표에는 빡빡한 일정이 빼곡하게 적혀 있었던 것이다.

그러나 한편으로 내게는 목표가 있었다. 숨이 턱까지 차오르도록 자전거 페달을 밟는 가운데, 내면의 자아를 발견하겠다는 것이었다. 몸이 지쳐 한계점에 다다르면 머리가 맑아지면서 무아지경에 이른다는 말이 있지 않던가. 그러면 숨어 있던 내면의 자아가 모습을 드러낼 것이다.

일정대로 자전거 여행이 시작되었다. 하지만 역시 쉽지 않은 여정이었다. 아름다운 제주의 절경을 앞에 두고도 눈길 한 번 줄 수 없었다. 몸의 근육과 관절 마디마디가 쿡쿡 쑤시고 아팠다. 내면의 자아를 발견하려면 집중을 해야 하는데 컨디션이 무너지자 부정적인 생각들이 올라오기 시작했다. 그런 나 스스로를 바라보며 더욱 혼란스러웠다.

그러한 상태로 계속 시간이 지나가 버린다면 어떤 상황이 되리라는 건 불을 보듯 뻔했다. 분명 나 스스로에게 실망하고 좌절하는 것은 물론 다른 사람들에게도 부정적인 영향을 미칠 것이라는 생각이 들었다. 그래서 이 주제를 가지고 셀프코칭을 시작했다.

자아 : 오늘 어떤 주제로 이야기하고 싶으신가요?

나 : 새로운 도전을 위해 팀장들과 함께 여행을 왔는데, 육체적으로 힘이 드니까 생각과 달리 부정적인 생각들이 계속 올라옵니다. 이러한 제 자신이 답답하고 속상합니다.

자아 : 지금의 상태가 지속된다면 앞으로 어떤 상황이 벌어질까요?

나 : 제 자신에 대해 실망하고 자괴감이 들 것 같습니다. 또한 다른 준비하고 있는 일들도 제대로 하지 못하게 될 것 같고, 결국 회사의 업무에도 영향을 미치고 직원들도 걱정스

러운 눈빛으로 나를 바라보겠지요.

자아 : 그런 상황이 발생하지 않도록 할 수 있다면, 당신은 지금 어떤 것을 새롭게 시도해 보고 싶으신가요?

나 : 쉽지는 않겠지만, 이번 제주도 하이킹 여행에서 몸을 혹사 시켜보겠습니다. 숨이 차오르고 여기저기 온 몸에서 통증이 오더라도 이겨내 볼 생각입니다. 나를 버리고 싶어요. 내 안의 진액을 다 빼내 버리고 싶습니다. 그리고 완주했다는 포만감이 다시 나를 일으키면서 '역시 넌 대단해. 봐라, 너는 해냈잖아' 하면서 한결 기분이 나아질 것 같습니다. 그러면서 다시 예전의 나로 돌아가게 될 것 같습니다.

셀프 코칭을 하고 나자 몸과 마음이 한결 가벼워졌고 마침내 제주도 하이킹 여행에서 완주를 할 수 있었다. 그동안 답답하고 피곤했던 일상들, 실마리를 찾지 못하고 아무런 대책도 마련하지 못하고 실망만 반복하던 나의 행동 습관을 단 몇 분간의 짧은 셀프 코칭으로 개선한 것이 내심 자랑스러웠다. 셀프 코칭은 '나'를 한 발 떨어져 봄으로써 객관적인 평가와 조언을 할 수 있는 기법으로, 타인의 코칭보다 즉각적이고 더 파워가 있다.

사실 코칭을 필요로 할 때 즉각적인 도움을 받기가 쉽지 않다. 누군가에게 코칭을 요청해야 하고, 약속 시간을 정해야 하고, 만나기 위해 장소로 이동을 하는 동안 코칭의 주제가 변하기도 한다. 주제에 대한 답을 찾기 전에 다른 주제들이 꼬리에 꼬리를 물고 이어지는 것이다. 이럴 때 셀프 코칭을 알아두면 한 가지 주제에 집중하여 해결해 나가는 데 도움이 된다.

셀프 코칭에 익숙해지면 같은 방식으로 다른 사람을 코칭할 수 있다.

2 코칭의 9단계 적용하기

성공하고 싶어요, 행복하게 살고 싶어요, 사람들은 그렇게 말을 하지만 그들에게 '무엇이 성공이라고 생각하십니까?', '어떻게 돼야 행복할까요?' 하고 물으면 머뭇거린다. 성공이나 행복은 뜬구름처럼 막연한 것이고, 그것이 실제로 내 것이 되리라고는 엄두를 내본 적이 없기 때문이다. 과연 진정한 성공과 행복은 무엇일까? 사회적으로 높은 지위에 오르면 성공한 것일까? 돈이 많으면 행복할까? 그러나 모 회장의 딸로 살면서 뭐 하나 부러울 게 없는 사람도 자살을 선택하고, 정치의 최고권에 올랐던 사람도 결국은 삶을 스스로 마감하는 길을 선택한다.

사람이 살아가는 목적이자 성공, 행복이라고 말할 수 있는 것은 자신에게 주어진 상황과 문제들을 인식하고 그 해답을 스스로 찾아나가는 하나의 여정이 아닐까 생각한다. 그리고 코치는 이러한 사람들이 문제를 올바르게 인식하고 스스로 그 해결책을 찾을 수 있도록 돕는 사람이다.

갈릴레오 갈릴레이는 이렇게 말했다.

"누구도 다른 사람에게 그 무엇을 가르칠 수 없다. 다만 그가 자기 자신에게서 그 무엇을 발견하도록 도울 수 있을 뿐이다."

갈릴레오는 코치의 개념을 잘 설명하고 있다. 코치는 가르치는 사람이 아니다. 고객에게 질문하고 그의 말을 경청하면서, 고객이 보다 나은 삶을 사는 데 필요한 답을 스스로 찾도록 도와주는 역할을 하는 사람이다. 그렇기 때문에 "코칭은 숨어있는(잠재되어 있는) 나를 발견하는 것이다.

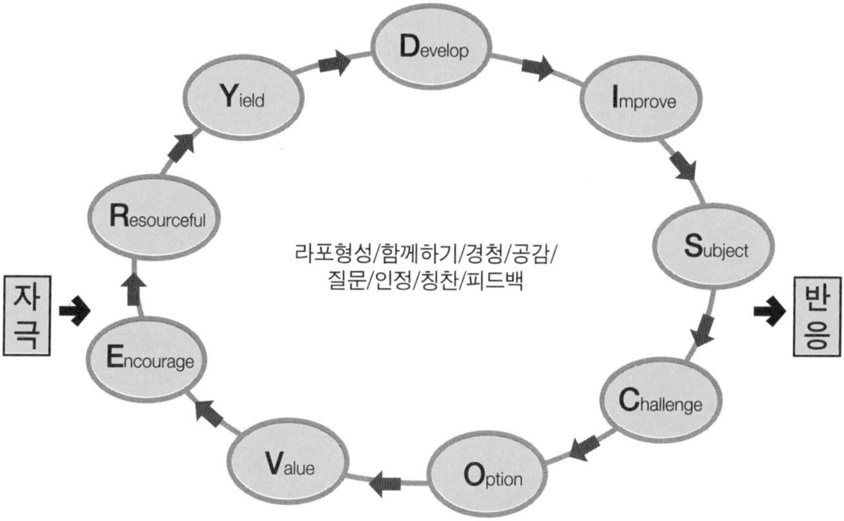

기우정의 DISCOVERY 코칭 모델

즉 코칭은 발견(DISCOVERY)이다."라고 나는 정의하였다. '성장(Develop)하고, 개선(Improve)하고자 하는 주제(Subject)에 대해 도전(Challenge)하여 해결 방안을 찾아 선택(Option)을 하고, 그 가치(Value)를 찾아 용기(Encourge)를 가지고 스스로 답(Resourceful)을 산출(Yield)해 내는 것' 이 아홉 단계는 사이클을 이루고 있어서 결과는 다시 성장으로 이어진다.

Develop_ 성장을 원하는가?

코칭을 의뢰하는 사람은 대개 어떤 문제나 상황을 해결하고자하는 생각에서다. 그리고 문제나 상황을 해결해 가는 과정에서 성장이 일어난다.

하지만 정작 코칭 상담을 하다 보면 문제나 상황을 해결하고자 하기보다는 넋두리나 하소연으로 일관하는 사람이 더 많다. 그들은 귀를 닫은 채 답답함이 풀릴 때까지 쉴 새 없이 말을 한다. 코치는 고객의 말에 귀 기울여 들어줘야 한다.

고객의 말을 판단하거나 섣부른 답을 주려고 해서는 안 된다. 단, 넋두리나 하소연이 두서없이 길어질 때는 고객이 핵심으로 돌아올 수 있도록 도와주어야 한다.

"그래서 지금 이 상황에서 벗어나고자 저를 찾아오신거군요?" 그리고 나서 "지금까지 하신 말씀을 한 문장으로 요약 정리 한다면 어떻게 표현할 수 있을까요?" 하고 물어보는 게 좋다.

고객은 자신의 문제에 빠져 있기 때문에 가끔 코칭의 핵심을 잊을 때가 있다. 그것을 일깨워주는 것도 코치의 역할이다.

그런데 말은 코칭을 원한다고 하면서, 자신의 변화를 거부하는 사람들이 의외로 많다.

변화를 '성장'으로 받아들이는 게 아니라 '패배'로 받아들이기 때문에 자아가 저항하는 것이다.

그들은 변명하고, 핑계대고, 남 탓을 하면서 교묘하게 자신을 합리화한다. 그럴 때는 휘말리지 말고 다시 한 번 고객에게 의사를 묻는다.

"코칭을 통해 문제를 해결하고 성장하길 원하시는 것을 고객님의 언어로 쉽게 정의 내려 보시겠습니까?

이러한 거부와 저항은 셀프 코칭에서도 일어난다. 마음 한구석이 불편하지만 자신이 변화하고 싶은 마음은 없고 상대방 혹은 지금 처한 상황이 바뀌기를 바라는 마음이 더 크다.

그리고 그게 뜻대로 되지 않으면 스트레스를 받는다. 이때는 자기 스스로에게 질문을 던져 보자. 과연 나는 변화를 원하는가? 발전하고 성장하기를 바라는가? 그런데 마음 저 밑바닥으로부터 '아니' 라는 답이 들려오면, 왜 그런 답이 올라오는지 이유를 다시 한 번 고민해 보자.

끊임없이 거부하고 저항하려는 데는 다 이유가 있다.

Improve_ 개선하고자 하는 것은 무엇인가?

성장에 대한 바람이 간절하다면 그 다음은 무엇을 개선할 것인지 생각해 볼 차례다.

대상이 명확해야 개선의 방향도 확실하다. 그러나 이 단계에 이르러 주춤하는 사람들이 많다.

세세하게 세분화하는 일이 생각보다 어렵기 때문이다.

한 가지 예를 들어 보자. 지인을 통해 코칭을 의뢰한 34세 회사원의 이야기다.

"코치님, 회사를 그만둬야 하나 고민이에요. 왜 가는 회사마다 사이코패스들과 한 팀이 되는지…….

그들은 너무 이기적이고 예의가 없어요. 절이 싫으면 중이 떠나야지, 절이 떠날 순 없잖아요."

그는 30대 중반임에도 불구하고, 회사 일이 많아 결혼은 커녕

연애할 시간조차 없다고 했다.

또한 회사에서 스트레스를 주는 사람들과 같은 팀이 되면서 출근기피증이 생겼다는 것이다.

취업하기가 하늘의 별 따기만큼 어렵다는 시대에 벌써 다섯 번째 직장을 옮기겠다며 나를 찾아온 그는 피곤에 절어 있는 전형적인 회사원이었다.

"출근하기 싫을 만큼, 팀원들과 갈등을 빚은 사건이 있었나요?"

"특별한 사건이 있는 건 아니에요. 하지만 그 사람들과 저는 근본적으로 안 맞아요. 회사에 일하러 온 건지, 놀러 온 건지, 쯧쯧……. 5시 50분만 되면 컴퓨터 끄고, 엉덩이가 들썩들썩 난리예요."

"본인은 어떠신가요? 그들을 바라볼 때 어떤 생각이 드세요?"

"야근하는 걸 좋아하는 직장인이 어디 있겠어요. 하지만 적어도 하던 일은 끝마치고 가야죠."

"최근에 동료들과 있을 때 어려웠던 점을 구체적으로 한 가지만 말씀해 주시겠어요?"

"얼마 전 팀원 중 한 명이 회의에 쓸 자료를 파워포인트로 만들어 달라고 부탁을 하더라고요. 자기는 급한 일이 있어서 나가

봐야 하는데, 퇴근 무렵에 그 일이 내려왔다면서요. 저도 그날 약속이 있었지만 동료의 부탁을 거절하지 못했어요. 만약 내가 거절을 하면 일이 어떻게 되겠어요.

당장 내일 아침에 회의가 있는데. 그렇게 책임감 없는 사람들과 함께 일하려니 그게 스트레스예요.

"힘든 일이었나요?"

"일이 힘든 게 아니라……. 그 사람들 태도가 그렇잖아요. 분명 자기 일인데 그걸 저한테 미루고 자기는 퇴근하는 게 말이나 되나요?"

"그 사람이 일을 본인에게 미뤄서 화가 났나요?"

"그 사람 일을 제가 하게 돼서 화가 났다기보다는…… 사실 거절하지 못한 지신에 대해 화가 났어요.

사람들은 아무렇지도 않게 제게 일을 부탁하는데, 그 일이 잘 되면 자기 공으로 돌리고 잘못 되면 제 탓을 하거든요. 가끔은 그들이 나를 동료로 생각하는 게 아니라 사환으로 생각하고 있는 느낌이 들어요."

"그럼 처음으로 돌아가, 질문을 정리해 보겠습니다. 회사 내 팀원들과의 관계가 좋지 않아 회사를 그만둬야 하나 고민이라고 하셨죠?"

"네."

"거절하지 못하는 자신의 성격 때문에 화가 난다고 하셨죠?"

"네."

"본인이 일을 다 했는데, 그 공을 아무도 몰라 줘서 그것도 기분이 안 좋았겠군요."

"……네."

"사람들이 본인을 동료가 아니라 사환 취급하는 기분이 들어서 마음이 상하셨겠네요."

"……네."

"그럼 이제 무엇을 어떻게 개선하고 싶으신가요? 아직도 회사를 그만두고 다른 직장에 가는 것이 최선이라는 생각이 드나요? 다른 회사에는 지금 팀원 같은 사람들이 없으니 회사만 바꾸면 문제가 해결될까요?"

"아닐 것 같아요. 그간 제가 다닌 회사는 다 똑같았거든요. 처음에는 안 그런데 시간이 지나면 저를 대하는 사람들의 태도가 바뀌어요."

"처음에는 안 그랬던 사람들이 왜 그렇게 바뀔까요?"

"음……. 그 사람들의 문제가 아니라 제 문제인 것 같아요. 입사 초기에는 빨리 친해지고 싶은 마음에 제가 먼저 나서서 그들의 일을 도와주곤 했거든요.

그런데 어느 순간부터 상대방이 부탁을 하면 해주기 싫더라고요."

"바뀐 건 그들이 아니라 고객님의 마음이네요."

"생각해 보니 그렇네요. 제가 먼저 나서서 도와주겠다고 해놓고서, 그렇게 안 해도 될 만큼 친숙해지니 이젠 해주기 싫었던 모양이에요."

"그럼 이제 앞으로 어떻게 해야 할까요?"

"내가 원하지 않는 일을 부탁 받았을 때는 뒤에서 꿍얼거리지 않고 기꺼이 해주거나 아니면 거절하겠어요.

그리고 동료들에게 솔직하게 말하겠어요. 부탁을 들어주는 건 어렵지 않지만 내가 동료로서 존중 받지 못한다는 느낌 때문에 마음이 불편하다고요."

"코치님과 얘기하다보니 결국 회사 일이 많거나 동료들과의 관계가 힘든 게 아니라 거절하지 못하는 나의 성격, 동료들에게 솔직하게 말하지 못하고 전전긍긍하는 나 자신의 모습, 처음과 달라진 내 태도를 나 스스로가 인정하기가 힘들었던 것 같아요?"

"네, 그런 성찰을 하셨군요, 그렇다면 앞으로 무엇을 개선하고 싶은지, 정리된 생각을 한 문장으로 만들어 보세요."

"나의 현재를 인정하고, 동료들과 소통하기 위해 솔직해지자."

한 문장을 만들기 위해 이렇듯 긴 여정이 필요하다. 하지만 처음 생각과 달리, 문제의 핵심을 파고들다 보면 그 뿌리가 엉뚱한 곳과 연결되는 경우가 종종 있다.

노출하고 싶지 않은 자신의 모습을 무의식적으로 숨기기 때문에, 코칭 상담을 받는 도중 그러한 것들이 드러나면 본인도 당황한다.

그러나 원인을 정확히 알아야 무엇을 개선할 것인지에 대한 답을 얻을 수 있다. 셀프코칭을 할 때도 혼자 질문하고 스스로 대답하는 방식으로 문제의 핵심에 접근하길 바란다.

Subject_ 주제는 무엇인가?

개선하려는 의지가 있고 무엇을 개선할 것인지 알았다면, 이제는 어떻게 개선할 것인지 방법을 찾아야 한다. 이것은 주제와 관련이 있으며, 주제를 찾는 일이 가장 중요하다. 혼란에 빠진 사람은 자신이 어떤 문제로 고민하는지조차 알지 못한다. 간혹 자신의 문제를 잘 알고 있는 듯 말하는 사람도, 대화를 나누다 보면 갈피를 잡지 못한 채 혼란스러워한다.

그러나 코칭을 통해 어떤 결과를 기대하는지 '몰라요' 상태에서는 코칭이 제대로 이루어질 리 없다. 그러므로 자신의 현실을 점검하고, 어떤 변화를 원하는지 그 주제를 찾아야 한다. 코칭을 통해 어떤 결과를 얻고 싶은지 생각해 보면 주제를 쉽게 찾을 수 있다. 삶이 균형을 이루지 못하고 덜커덩거리는 지점을 찾은 때는 '삶의 수레바퀴'를 점검해 보는 것이 좋다. 문제는 삶의 균형이 깨진 데서 비롯되기 때문이다.

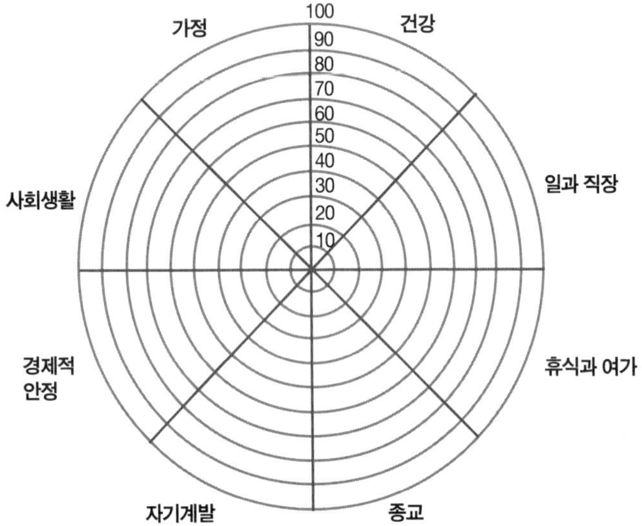

삶의 수레바퀴는 인생을 구성하는 8가지 영역을 말한다. 가정, 건강, 일과 직장, 휴식과 여가, 종교, 자기계발, 경제적 안정, 사회생활이 바로 그것이다. 이렇게 8가지 영역이 수레바퀴처럼 원만하게 균형을 이루어야 삶의 수레바퀴가 문제없이 굴러간다. 하지만 큰 욕심 부리지 않으면 쉬워 보이는 이 일들이 누구에게는 몹시 어려운 과제이기도 하다.

한 번은 성공한 여성 리더로 꽤 잘 알려진 분이 코칭을 요청해 왔다. 지역 유지인 데다가 그분의 업적이나 성과는 주로 신문을 통해 보는 정도였고, 친분이 전혀 없는 사이인지라 긴장이 됐다. 그 분은 평소 능력 있는 여성 리더이자 훌륭한 사업가임은 물론 어진 아내요 현명한 어머니로서 잘 알려져 있고, 누구나 부러워하는 면을 다 갖춘 분이었다. 그런데 사업이 어려워지면서 그분의 삶이 덜컹거리기 시작했다. 그분은 뭔가 문제가 있음을 직감하고 지인의 소개에 따라 코칭을 요청했던 것이다.

그분이 다루고자 하는 주제는 '사업을 다시 일으키기 위해 나는 무엇을 해야 할까' 였다. 그런데 사회적 지위 때문인지 쉽게 마음을 열지 못했다. '내가 이런 말을 했을 때 상대방이 어떻게 생각할까?' , '혹시 괜한 말을 꺼내서 안 좋은 소문이 나면 어쩌지?' , '어디까지 말해야 하는 거지?' 그런 것들을 재고 따지느라 주저주저하는 모습이 보였다. 그래서 그분과 삶의 수레바퀴를 그려보기로 했다. 다른 사람에게 마음을 들켰다는 생각이 들지 않도록, 스스로 자신의 삶을 점검하도록 한 것이다.

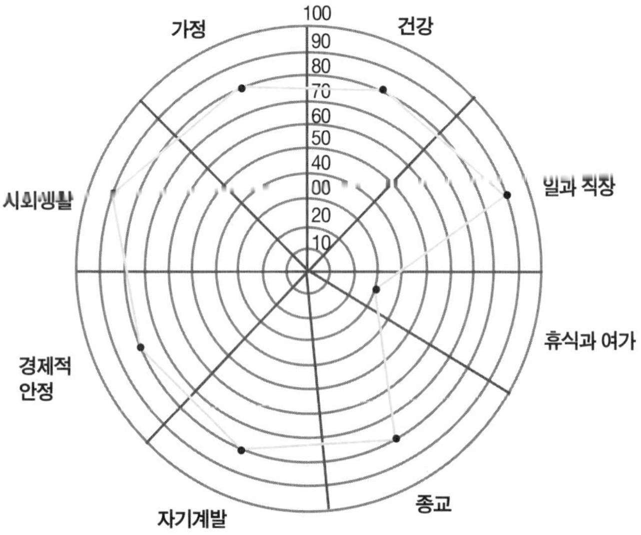

그분은 전체적으로 조화로운 모습을 보였지만 단 하나, '휴식과 여가' 부분은 지나치게 소홀하고 있었다. 자신이 체크한 도표를 본 여성 리더는 깜짝 놀랐다. 실제로 그녀에게는 취미도 없고 여가를 즐긴 경험도 없었으며, 오로지 회사와 집을 오가며 일

하는 데 집중하고 있었던 것이다.

"보니까 어떠세요? '휴식과 여가' 부분이 매우 낮은 결과가 나왔는데……. 혹시 마지막으로 여행을 다녀온 것이 언제쯤인가요?"

"여행이야 지난달에도 다녀왔죠. 중국에요. 거기에 저희 공장이 있거든요."

"일 때문에 출장을 다녀오셨군요. 출장 말미에 좀 쉬다 오셨어요?"

"쉬긴요. 일주일 만에 공장 다 둘러보고, 거래처랑 협력사들 만나보고, 직원들이랑 밥 먹으면서 애로사항은 없는지 얘기 듣고……. 그런 다음 부랴부랴 다시 우리나라로 들어왔죠. 요즘 같은 시기에 본사를 오래 비워둘 수가 없어요."

"그럼 그건 여행이라고 볼 수 없네요. 휴식이나 여가라고 말할 수 있는 여행은 언제 마지막으로 다녀오셨어요?"

"음…… 그게 언제쯤인지……."

"꼭 여행이 아니더라도, 자신만을 위해 보낸 시간이요. 외곽 커피숍에 앉아, 일 생각 잊고 한가하게 시간을 보낸 적은 언제인가요? 취미 활동을 한 것 혹은 어릴 적 친구들과 만나 일상적인 수다를 떨면서 놀아본 적은 있나요?"

그분은 깊은 침묵 속으로 빠져들었다. 기억을 더듬는 건지, 아니면 늘 일에만 매달려 있는 자신을 되돌아보는 건지 알 수 없었다. 어쨌든 고객이 자신을 충분히 돌아볼 시간을 주는 것이 중요하다. 긴 침묵 끝에 그 고객은 입을 열었다.

"그런데 그것이 사업과 무슨 관련이 있다는 거죠? 전 지금 사업이 슬럼프에 빠져서 고민하고 있어요. 사업을 다시 일으키기 위해 내가 무엇을 해야 할지, 그게 고민이죠. 사실 전문 경영인을 만나 조언을 얻으려고 했는데, 지인이 적극적으로 나서서 코치님을 한번 만나보라고 해서 코칭을 요청한 겁니다."

"맞습니다. 저는 고객님이 운영하시는 비즈니스 분야에 대한 전문가는 아닙니다. 말씀하신 대로 그 경영에 대한 조언은 고객님의 비즈니스에 대한 폭넓은 전문성을 갖춘 컨설턴트가 훨씬 잘 해주실 것입니다. 고객님께서 괜찮으시다며 제가 몇 말씀 드려도 괜찮으시겠는지요? 말씀을 나누다보니 제가 보기에 지금 필요한 것은 경영에 대한 조언이 최우선 순위는 아닌 것 같다는 생각이 듭니다."

"아니, 저에게는 회사 경영이 가장 큰 문제입니다. 회사가 잘 운영돼야 다른 문제도 해결되죠."

"회사의 경제적 어려움은 겉으로 드러난 문제인 것 같습니다,

잠시 회사 업무를 내려 놓으시고 저와 대화를 나누는 동안 고객님의 삶을 먼저 돌아보셨으면 좋겠어요. 지금의 삶에 만족하시나요?"

"회사 일이 잘 되고 있을 때는 만족했어요. 좀 피곤하고 나이 먹으면서 힘에 부치는 면도 있지만 그거야 제가 감당해야 할 몫이니까요."

"고객님의 '삶의 수레바퀴'를 보면 휴식과 여가 부분이 낮게 표시되어 있어서요."

"사실 뭐…… 저를 위한 시간을 보낸 만한 여유가 없어요. 어떨 때는 다 덮고 산으로 들어가고 싶은 때도 있죠. 사실 휴식하지 못하니까 계속 지치는 것 같아요."

이쯤 되자 고객이 스스로 문제점을 인식하고 자신을 찾아 가고 있었다.

"사람의 에너지는 한정되어 있어요. 그래서 모든 일을 다 완벽하게 잘할 수는 없죠. 어느 한 부분을 뛰어나게 잘하면 다른 한 곳에 쓸 에너지가 부족할 수밖에 없죠."

"그럼 제가 '휴식과 여가'에 필요한 에너지를 끌어다가 '일과 직장'에서 쓰는 거군요?"

한 번 마음을 열고 대화를 시작하자 의외로 진도가 빨리 나갔다. 결국 그분은 자신의 코칭 주제를 그분이 다루고자 하는 주제는 '사업을 다시 일으키기 위해 나는 무엇을 해야 할까' 에서 '내 삶의 균형을 위해 무엇을 해야 할까?' 로 바꾸기로 했다. 주제를 찾기까지 꽤 오랜 시간이 걸렸지만, 스스로 주제를 찾은 그 고객은 실행에 옮기는 데 적극적이었다. 그리고 얼마 뒤 신기한 일이 벌어졌다. 충분한 휴식을 위해 여성 리더가 한 발짝 떨어져 자신을 돌보는 동안 회사 실적이 정상 궤도를 회복했던 것이다. 전혀 관련이 없어 보이던 두 분야가 수레바퀴처럼 축을 이뤄 굴러가고 있었다는 것을 다시 한 번 확인할 수 있었다.

Challenge_ 어떻게 도전할 생각인가?

주제를 찾은 다음에는 과감한 도전이 필요하다. 그러나 실행 전 단계에서 사람들은 주춤할 수밖에 없다. 그럴 때는 '하고 싶은 일' 과 '할 수 있는 일' 을 구분해서 생각해 보는 것이 좋다.

어느 날 '사는 게 즐겁지 않다' 는 분과 만나서 얘기를 나눈 적이 있다.

"제가 지금 뭘 하는지 모르겠어요."

"무얼 하고 싶은지만 생각해 보세요. 현재 무엇을 하고 있는지를 보는 게 아니라 무엇을 하고 싶은지, 자신이 원하는 일이 무엇인지 스스로에게 물어보세요. 물어보고 또 물어보면 답이 들려올 거예요."

"사실 저는 회사에 입사하기 전에 밴드 활동을 했어요. 그런데 회사를 다니면서부터는 악기를 내려놓고 일에만 매달려 살고 있죠. 아마 지금 사는 게 재미없는 것도 음악을 못해서 그런 게 아닌가 하는 생각이 들어요."

고객은 깊은 한숨을 쉬었다. 일단 주제를 찾기 위해 질문에 들어갔다.

"밴드 활동만 하면 고객님의 삶이 크게 개선될 것이라고 기대하나요?"

"네. 한때 잘 나갈 때는 일본에 진출하려고 했어요. 여기저기서 러브콜이 왔고 세상에 부러울 것이 없었죠. 하지만 현실이라는 게……. 음악만 하면서 먹고산다는게 쉽지 않더라고요. 밴드 멤버 모두가 궁지에 몰릴 만큼 몰리고 나서야 각자 일자리를 찾아 나섰죠. 일단 안정적인 직업을 얻은 다음에 다시 모여서 밴드 활동을 하자고 약속했어요."

"그런데 그 약속이 잘 지켜졌나요?"

"웬걸요. 입사 초기에는 다들 적응하느라 정신이 없었고, 그

와중에 적응을 못한 친구는 외국으로 이민을 갔어요. 포기하고 그냥 가업을 잇겠다며 고향으로 내려간 친구도 있고요. 그래서 결국 10년이 지난 지금은 다 접어 버렸습니다. 안 되는 일을 가지고 속 끓여 봤자 무슨 소용이 있겠어요."

"그런데 지금 사는 게 재미없다고 하셨잖아요. 그 이유가 음악을 못해서 그런 게 아닌가 하는 생각이 든다고 하셨죠?"

"네, 맞아요. 포기한다고, 포기할 수밖에 없다고 마음먹어 봐도 그게 쉽지 않더라고요. 차라리 밥도 제대로 못 먹고, 연습실을 못 구해서 길거리 전전하던 그 시절이 훨씬 행복했다는 생각이 들어요. 지금은 음악과 전혀 관련 없는 일을 하고 있는데, 그냥 평생 이런 일을 하다가 죽겠구나 싶어요."

"공허함이 든다는 말씀이군요. 그럼 지금 할 수 있는 일이 없나요?"

"같은 일이라고 해도 음악과 관련된 일이라면 즐겁게 할 수 있을 것 같아요. 관련 직장을 다시 알아봐야 하는 것은 아닌지 고민 중입니다."

"오늘의 주제를 '사는 게 즐겁지 않아요' 로 삼으셨는데, 계속 그 주제를 가지고 말씀 나누고 싶은가요? 어떠신가요?"

"말씀을 듣고 보니 주제를 바꿔야겠네요. '충만한 삶을 살아가기'가 맞는 것 같아요. 사는 게 즐겁지 않은 게 아니라 하고 싶은 일을 하지 못해서 공허감이 드는 것이니까요."

"이번 코칭을 통해 어떤 변화를 기대하세요?"

"좋아하는 음악을 하면서 경제적 안정도 얻을 수 있었으면 좋겠어요."

이제 어떻게 도전할 것인가, 방법에 대한 이야기를 나눌 차례였다.

"현실적으로 생각해 보세요. 지금 다니고 있는 직장을 그만두고 음악 관련 업체에 일자리를 얻는 것이 쉬울까요?"

"쉽진 않겠죠. 아마 불가능할지도 몰라요. 젊은이들도 취업난 때문에 난리인데……."

"그럼 회사를 관두는 일은 현실적으로 힘든 일이겠네요. 혹시 그간 꿈을 위해 시도해 본 일이 있나요? 그중 가장 효과적이었던 것은 무엇인지 말씀해 주실 수 있어요?"

"입사 초기에는 밴드 멤버들과 매일 만나서 연주를 했어요. 악기는 손을 놓으면 금세 실력에 차이가 나거든요. 만나서 연습하고, 주말에는 라이브 공연을 했어요. 큰 수입이 된 건 아니지만 연습실을 임대하고, 악기 정비하는 정도의 유지비는 벌 수 있었죠."

"멋지네요. 그럼 지금까지 한 번도 해보지는 않았지만, 괜찮겠다 싶은 방법은 무엇이 있을까요?"

"다른 회사 보니까 직장인 밴드 동아리가 있더라고요. 같은 직장 내에서 동아리 활동으로 하면 자금도 지원 받을 수 있고, 아무래도 일정 맞추기가 수월해서 좋을 것 같다는 생각이 들었어요."

"그렇게 하려면 누구의 도움이 필요할까요?"

"일단 사내게시판에 모집공고를 올려야 할 테니 홍보팀이나 노조의 도움을 받아야 할 것 같아요. 아, 부서장님께 말씀드리면 적극 도와주실 것 같아요."

"다행이네요. 그럼 그걸 언제부터 시작하실 수 있을까요?"

"이번 주에 사내 게시판에 공지문을 올릴게요. 인원이 모이면 부서장님께 얘기하고 음악동아리를 구성해서 연말행사나 창립기념일, 회사 행사 때 공연을 하면 좋을 것 같아요. 아, 회사 지하 창고를 연습실로 활용할 수 있으면 더 좋겠네요. 그건 누구한테 도움을 요청해야 할지, 내일 출근해서 확인해 봐야겠어요."

"이런 일을 추진할 때 장애가 될 만한 요소는 없을까요? 다른 직원들의 눈치라든가, 고쳐야 할 제도라든가……. 무슨 일을 시작하려면 그런 방해 요소들이 있잖아요."

"음…… 아무래도 회사 내 동아리니까 일거수일투족이 눈에 띄겠지요. 그런 만큼 회사 일을 더 열심히 해야 할 것 같네요."

"대신 장점도 있을 수 있겠네요"

"물론이죠. 다른 부서 직원들과 음악을 매개로 하나가 되면 부서간의 벽도 허물어질 수 있고 일에 대한 생산성도 높아질 것 같아요."

"자, 어떠세요? 코칭을 시작하면서 주제로 삼았던 것에 대한 답을 찾으셨나요?"

"그동안은 하고 싶은 음악을 위해서는 직장을 그만두거나 다른 직장을 알아봐야 할 거라는 생각을 했어요. 그런데 지금은 회사에서 일을 하면서도 얼마든지 뜻을 같이 하는 동료, 선후배들과 함께 음악을 할 수 있다는 생각이 들어요. 지금 이런 생각을 하는 것만으로도 기쁘고 행복합니다. 제가 행복하지 않다고 생각한 것은 '음악을 하지 못하기 때문'이라고 생각했는데, 이제 직장을 다니면서도 음악을 할 수 있게 된 거잖아요. 회사 동료들과 그 일을 같이할 수 있다니, 그것도 생각지 못한 즐거움이에요. 이젠 정말 즐겁게 회사생활을 할 수 있을 것 같습니다. 올 연말 회사 송년회 무대에 서서 노래하고 있는 상상만으로도 신이 나네요."

그분은 자신이 무슨 일부터 시작해야 하는지, 그 도전에 대해 스스로 단계를 잘 정리했다. 그리고 다음날 당장 실행에 옮긴 뒤 자신의 계획대로 하나하나 일을 처리했다. 동기부여가 확실하고 목표가 설정되면 몸은 마음을 따라 움직인다. 두려워하지 말고, 마음이 가는 대로 따라가는 것, 그것이 바로 도전이다.

Option_ 무엇을 선택할 것인가?

지금으로부터 10여 년 전 미국은 《시크릿(The Secret)》 열풍이 불었다. '수 세기 동안 단 1%만이 알았던 부와 성공의 비밀' 이란 부제를 달고 우리나라에 번역된 이 책은 미국뿐 아니라 세계 곳곳, 그리고 우리나라에서도 단숨에 베스트셀러로 등극했다. 이 책의 내용은 의외로 간단하다. '부와 성공의 비밀' 은 우리 내면에 잠재돼 있으므로, 그냥 그 에너지를 선택해서 가져다 쓰면 된다는 것이다. 문제는 자신에게 그러한 에너지가 잠재돼 있다는 사실을 대개가 모른 채 살아가고 있다고 했다. 《시크릿》은 이것을 일깨우고 확신을 심어주기 위한 도구였다. 《시크릿》에서 가장 중요한 것은 선택이다. 무엇을 선택하느냐에 따라서 결과가 달라지기 때문이다.

코칭에서도 '선택' 은 중요한 열쇠다. 사람들은 코칭을 통해 결과가 변하기를 바라지만, 사실 결과가 변하지 않음에도 불구하고 만족감을 높일 수 있는 방법이 있다. 문제를 다시 선택하는 것이다. 얼핏 들어서는 이해가 어려울 수 있으므로 한 가지 사례를 들어 보고자 한다.

모 기업의 CEO는 최근 들어 임원들에게 불만이 많다. 임원들이 제 역할을 제대로 해내지 못하고 있다는 생각 때문이었다. 시장 점유율과 매출액, 영업이익이 떨어지고 있는 데도 신경을 안 쓰는 것 같아서 답답하고 속이 상하다고 했다. '주인의식' 을 강조해 봐도 역시 소용이 없었다. CEO는 어떻게 하면 임원들을 정신 바짝 차리게 할 수 있을지 전전긍긍하고 있었다. 한참 얘기를 듣다가 내가 먼저 질문을 던졌다.

"사장님께서 바라는 훌륭한 임원이란 구체적으로 어떤 역할을 하는 사람인가요?"

"딴 거 필요 없어요. 임원은 실적으로 얘기하지요. 어떻게 하면 성과를 향상시킬 수 있을까, 항상 그 점을 고민하고, 실제로 성과를 향상시키기 위해 직접 발로 뛰어야 한다고 생각합니다. 책상머리에 앉아 딴생각만 하고 있으면 안 돼요."

"임원들은 회사의 비전에 대해 어떻게 생각하고 있나요?"

"음……. 사실 지금은 잘 모르겠네요. 몇 해 전 회사의 비전(Vision)과 미션(Mission), 비핵스(BHAGs. Big Hairy Audacious Goals(크고 위험하고 대담한 목표))를 설정할 때 같이 얘기하긴 했는데 너무 오래되어……. 임원들이 회사의 비전을 어떻게 생각하는지, 최근에는 잘 모르겠네요. 말씀을 듣고 보니 궁금하기도 하네요. 회사의 비전이라……."

"임원을 채용하거나 승진 발령을 낼 때 그 기준은 무엇인가요?"

"먼저 우리가 하는 일에 대해서 잘 이해하고 있어야겠죠. 현장 경험, 사람들과의 관계, 업무 해결능력과 위기 대처 능력 등 임원으로서 갖춰야 할 사항은 많습니다. 업무뿐만 아니라 인격적인 면에서도 일반 직원들의 모범이 돼야 하니까요."

"사장님께서 생각하는 이상적인 임원과 조직의 모습은 어떤 것인가요?"

"일단 회사의 비전과 미션을 잘 이해하고 있어야겠죠. 모두가 한 곳을 바라보고 달려야 하지 않겠어요? 누구는 앞을 보고, 누구는 옆을 보고, 누구는 하늘 보고 달리면 회사가 제대로 운영될 리 없죠. 그리고 비핵스에 대해 잘 알고 있어야 합니다. 눈앞에 놓은 사소한 이익에 연연하다 보면 큰 그림을 못 보게 돼요. 멀리 내다보고 목표를 대담하게 잡을 줄 알아야 합니다. 그래야 구성원들과 함께 지속 가능한 기업으로 성장할 수 있습니다. 아, 그리고 열정이 있어야 합니다. 그물 속 물고기처럼 무의미한 하루하루를 보내서는 안 됩니다. 강물을 거슬러 올라가는 물고기처럼 펄떡거리는 열정을 가지고 있어야 합니다."

"임원들이 자신의 역할을 잘 수행하면 회사가 어떻게 변화할까요?"

"제일 먼저 매출액과 영업이익이 커지겠죠. 구성원들과 소통하는 것에도 큰 문제가 없고 부서와 부서 사이에서 마찰 원인이 되는 이기주의도 없어질 겁니다. 부서 간 소통이 잘 되면 시장점유율도 높아지지 않을까요? 그래서 임원들의 역할이 중요하다는 겁니다."

"직원들이 어떤 마음으로 회사를 다녔으면 좋겠는지요?"

"출근하고 싶은 회사, 일하는 게 행복한 회사, 자랑스러운 회사로 생각했으면 좋겠어요. 일을 통해 꿈을 이루고 보람과 가치를 느낄 수 있었으면 좋겠습니다."

"회사의 존재 이유는 무엇이라고 생각하십니까?"

"처음에는 수익 창출이 목표였는데 10여 년 동안 사업을 해오면서 조금 바뀌었어요. 앞으로는 사회적 기업으로 성장하고 싶다는 생각이 들었습니다. 우리가 하는 일이 누군가를 행복하고 즐겁게 해주고, 주주와 구성원들도 만족하고, 사회에서 긍정적인 역할을 담당할 수 있다면 그보다 더 바랄 게 없는 것 같아요."

"은퇴 후 남기고 싶은 유산은 무엇인가요?"

"크고 좋은 건물, 많은 돈, 물건이나 업적 등이 많겠지만, 제가 남기고 싶은 것은 사람입니다. 우리가 하는 일이 앞으로 더욱 확대된다면 그때 반드시 필요한 인력이 우리 기업에서 많이 배출되었으면 좋겠어요. 사업이라는 게 다 사람이 이끌어가는 게 아니겠습니까? 구성원들이 한마음, 한뜻이 되어 한 방향을 바라봐야 서로 성장할 수 있는 법이죠."

"그렇다면 임원들은 사장님께 무엇을 기대할까요?"

"직접 물어보시는 않았지만 뭐 연봉 인상이나 보다 더 많은 권한위임 같은 것을 원하지 않을까요?

"우리의 처음 주제는 임원들이 제 역할을 제대로 못하고 있으므로 '어떻게 하면 임원들에게 자극을 주어 제 역할을 하도록 할까?' 였는데, 그 주제에 대해서는 어떻게 생각하세요? 그 주제로 계속 코칭을 할까요?"

"다시 생각해 보니, 제가 그간 많은 것을 잊고 있었네요. 회사의 비전과 미션에 대해 다시 한 번 임원들과 공유를 해야겠다는 생각이 들었습니다. 그리고 임원들이 나에게 무엇을 기대하는지, 그리고 10년 후 우리의 모습은 어떠할지, 이상적인 우리 조직의 모습을 임원들과 함께 다시 한 번 그려 봐야겠어요. 닦달해서 임원들을 바꾸려 했던 게 제 잘못이었어요. 경영진으로서 역할 수행을 잘한다는 것은 어떤 의미이고 그 역할 수행을 위해 무엇을 더 고민하고 해결해야 하는지 임원들과 함께 하나하나 정리해 나가겠습니다."

잠깐의 코칭을 통해 그분은 자신의 머릿속을 깨끗하게 정리할 수 있었다. 물론 결과가 바뀐 것은 아무것도 없다. 하지만 문제를 바라보는 시각을 바꾸자 '임원들의 태도가 문제' 라는 생각이 사라져 버린 것이다. 대신 그들과 소통하고 협력해야겠다는 생각이 들었다고 했다. 이것이 결과를 바꾸지 않고, 문제를 바라보는 시각을 바꿈으로써 얻은 변화다.

무엇을 선택할 것인가? 선택에 따라서 '문제' 와 '결과' 가 달라진다.

Value_ 숨은 가치가 무엇인가?

문제에 매달리다 보면 많은 것을 놓치게 된다. 흔히 말하는

'우물 안 개구리' 가 되는 것이다. 그러나 삶은 숨은 가치를 찾는 데서 빛이 난다. 모르고 살았던 것을 발견하는 순간 삶에 대한 감사가 일어나고 의욕이 샘솟는다. 코치는 고객이 바라보지 못하는 숨은 가치를 찾아 인지시키는 역할을 한다. 그것 또한 코치의 숨은 가치다.

직장 생활을 하던 당시, 내가 소속된 곳은 콜센터였다. 콜센터 직원들은 전문직도 아니며 보수가 많은 것도 아니었고 직원들 또한 일에 대한 자부심이 없었다. 그러다 보니 자존감도 낮아서, 직원들은 별다른 의미 없이 회사를 오갔다. 발령을 받고 그곳에 처음 발을 딛었을 때, 한편으로는 한숨이 나오고 다른 한편으로는 미소가 떠올랐다. 하루 24시간 중 8시간 이상을 보내는 직장이 그저 제때 월급이나 받자고 다니는 곳이라면 얼마나 재미없고 힘들까 생각하니 한숨이 나왔다. 반면 내가 그들을 위해 할 일이 많을 것 같다는 생각이 드는 순간 기뻤다. 나는 그들을 돌보고 기꺼이 돕겠다는 마음을 갖기로 했다.

내가 가장 먼저 시작한 것은 일에 대한 가치 변화였다. 자신이 하고 있는 일이 얼마나 중요하고 가치 있는 것인지, 그것을 깨닫게 하는 게 우선이었다.

"여러분이 다니고 있는 이 직장이 없었다면, 여러분은 지금 어디에서 무엇을 하고 있을까요? 직장을 다니면서 출퇴근 스트레스와 반복되는 업무가 지겨웠죠? 그런 지겨움을 감내하고서 얻은 것은 무엇인가요?"

여태 생각해본 적이 없는 질문에 직원들은 적잖이 당황했다. 마치 직장이 원해서 마지못해 '다녀 주는' 것처럼 회사를 오갔는데, '이 직장이 없다면' 하고 생각하자 갑자기 막막해졌던 것이다. 스트레스의 원인이 직장이라고 생각한 적은 많았지만 그 이상의 의미를 부여한 적은 없었다. 다들 불편한 심경을 들킨 사람처럼 입을 굳게 닫아 버렸다. 나 또한 더 이상 말하지 않았다. 질문을 던졌을 때 쉽게 대답할 수 있는 문젯거리는 그만큼 가볍고 사소한 것들이다. 그러나 직장과 직업에 대한 것은 결코 그럴 수 없다. 직장을 다니거나 직업을 갖고 있을 때 경제적인 안정을 얻을 수 있고, 가족의 평안과 행복을 유지할 수 있고, 사회적인 소속감을 느낄 수 있다. 하지만 직장에 대한 감사보다는 불평이 많은 게 사실이다.

왜 그럴까? 회사에 입사하기 위해 시험 보고, 면접 보고, 각종 서류를 제출하면서 '제발, 꼭 붙었으면 좋겠다!' 하고 바라던 그 마음은 어디 가고, 월요일마다 월요병을 앓고 아침마다 이불을 뒤집어쓴 채 그 안에서 꼼지락거리게 된 것일까?

어디선가 작은 목소리가 들려왔다.

"전 회사에 안 다녔더라면 남편과 아이들에게 잔소리꾼이 돼 있을 거예요."

"지금은 전셋집에 살고 있지만, 제가 직장에 안 다니고 집에만 있었더라면 평생 월세 신세를 면하지 못했을 거예요."

"이 회사가 없었더라면…… 음, 그건 내 두 다리가 없었더라면 하는 것과 비슷한 고민이네요. 난 무엇을 할 수 있었을까요?"

"그래도 회사를 다닌 덕분에 혼자서도 아이들을 번듯하게 키울 수 있었어요."

사람들마다 회사에 대한 감사를 나누었다. 그리고 자신이 하는 일에 대해서도 숨은 가치를 찾아 나누었다.

"전 그냥 콜센터 일이 싫었어요. 얼굴을 안 보면서 전화로만 상대하다 보니, 상대방이 무례하게 굴어도 대응하는 데 한계가 있더라고요. 그래서 다른 직장이 생기면 미련 없이 이 직장을 떠나겠다고 마음먹고 있었는데, 오늘 얘기를 서로 나누다 보니 제가 다니는 직장, 하고 있는 일이 감사하게 생각되네요."

"저도 제 일이 감사해요."

이후 조별 토론을 통해 직업에 대한 가치 변화를 공유했다. 직원들은 자신의 일에 대해 자부심을 갖게 되었고, 직장이 더 이상 지긋지긋한 곳이 아니라 자신과 가족의 꿈을 이뤄 주는 터전임을 알게 되었다. 얼마 후 다시 가진 모임에서 한 직원이 손을 번쩍 들고 앞으로 나섰다.

"제가 이 일을 한 지 4년째인데요, 얼마 전 놀라운 경험을 했어요. 그것을 함께 나누고 싶어서 손을 들었습니다."

사람들은 그녀의 용기에 박수를 보냈다.

"얼마 전 있었던 코칭 이후, 제 마음에 변화가 생겼습니다. '내가 가진 돈만 있었어도', '내가 조금 더 배웠더라면', '내가 남편만 잘 만났어도' 콜센터에서 근무하지 않았을 텐데, 하면서 회사를 다녔거든요. 창피한 일이지만 늘 그런 생각을 하고 살았어요. 어디 가서 직업이 뭐냐고 물으면 그냥 '주부예요' 하고 대답했어요. 콜센터 직원이라고 하면 상대방이 나를 무시할 것 같았거든요. 그런데 코칭을 배운 이후 제가 하는 일에 감사함이 생겼어요. 아마 콜센터 상담을 저보다 잘하는 분이 얼마 없을 걸요. 나중에는 이런 자부심까지 생기더라고요."

그녀는 간간이 농담을 섞어 가며 여유 있게 말을 이었다.

"제가 변화하자 콜센터 상담 고객이 단번에 그 변화를 알아채더라고요. 물론 제 목소리가 예전보다 밝았고, 진심을 담아 고객

편에서 얘기한 걸 사실이에요. 일에 대한 자부심이 생기니까 저절로 그렇게 되는 걸 어쩌겠어요. 그런데 상담을 다 마치고 난 뒤 그분이 제게 먼저 '감사합니다, 이렇게 친절하게 상담해 주시는 분은 처음입니다. 너무 감사 드립니다.' 그러시더라고요. 상담하면서 고객한테 그런 진심이 우러나는 칭찬의 말을 듣는 게 처음이었어요. 한번 감사의 말을 듣게 되니 다음 콜에는 더 친절하고 진심어린 마음으로 고객에게 응대하게 되더군요. 이런 걸 선순환이라고 하나요? 기분 좋게 일하니까 상대방도 기분 좋게 받아 주고, 그게 좋아서 더 친절하게 되고, 그 친절이 더 기분 좋은 일을 불러오고……. 처음에는 도대체 이게 무슨 일인가 싶더라고요. 그때서야 알게 되었어요. 내가 긍정적으로 변화하자 상대방도 긍정적인 대응을 한다는 것을요. 내가 고객 때문에 스트레스 받는다고 투덜거릴 때는 상대방도 그렇게 대응을 했겠지요? 아무튼 제 일에 대한 가치를 재발견하고 나자 일이 재미있고, 아침에 회사 출근하는 게 신나요."

그녀의 말을 들으며, 그러고 보니 나도 그런 사례가 있었는데 하면서 함께 있던 다른 직원들도 덩달아 일과 회사에 대한 가치를 재인식하게 되었다.

회사에서는 주로 그룹으로 코칭을 했다. 그룹코칭은 많게는 100여 명, 적게는 5명 안팎의 인원과 함께하는 코칭이다. 인원이 많을 때는 5~10명 단위로 다시 소그룹으로 나눠서 토론하도록 한다. 그룹코칭에서 코치는 안내자 역할만 할 뿐이고, 문제에 답을 찾는 것은 그룹 내 멤버들의 몫이다. 상대방의 얘기를 들으며 조언하고, 자신의 얘기를 꺼내 놓으면서 문제를 객관적으로 볼 수 있게 된다. 이렇게 스스로 답을 찾으면 감동과 영향력이 더욱 커진다.

한 번은 그룹코칭을 하는 가운데, 이런 일이 있었다.

"지금까지 살아오면서 가장 보람 있고 스스로가 자랑스러운 적이 언제였나요? 경험을 공유해 주실 분 있나요?"

나의 질문에 직원들의 시선이 바닥으로 향했다. 나와 눈을 마주치면 발표를 해야 할지도 모른다는 부담이 있는 모양이었다. 그때 한 여직원이 손을 들고 자리에서 일어났다. 일찍 결혼하여 아이 둘을 둔 스물다섯 살의 여직원이었다. 그런데 정작 자리에서 일어선 그녀는 쉽게 입을 열지 못하고 머뭇거렸다. 무슨 일인가 싶어서 지켜보는데, 고개 숙인 그녀의 책상 위로 눈물이 뚝뚝 떨어졌다. 갑작스런 상황에 모두들 의아해 하며 그녀의 얘기에 귀를 기울였다.

"몇 개월 전, 둘째 아이 때문에 출산휴가를 내고 집에 있을 때였어요. 둘째에게 젖을 먹이다 보니 시간이 훌쩍 지나서, 큰 아이를 유아원에서 데리고 올 시간이 코앞인 거예요. 옷도 제대로 챙겨 입지도 못하고 슬리퍼를 신은 채 부랴부랴 뛰어갔죠. 그렇게 유아원 앞에서 다른 아이의 엄마를 만났는데, 그분은 옷을 곱게 차려 입고 머리도 세련되게 손질한 차림이었어요. 듣기로는 중학교 선생님이라더군요. 순간 제 모습이 너무 초라해서 속상했어요."

말이 이쯤 이르자 듣고 있던 직원들은 공감한다는 눈짓을 보내며 고개를 끄덕였다.

"나는 회사에서 전화나 받는 상담사인데, 저 사람은 선생님이구나. 혹시 우리 아이 눈에 내 모습이 후줄근하게 비춰지면 어쩌지? 아이의 기억 속에 '엄마' 의 모습이 초라하게 남으면 어떡하지? 그런 생각이 들어서, 우리 아이가 나를 창피해 할까 봐 쥐구멍이라도 있으면 숨고 싶었어요."

여기저기서 훌쩍거리는 소리가 들렸다. 다들 비슷한 경험과 자격지심을 갖고 있었던 것이다.

"그날 이후 입사 4년 만에 처음으로, 이렇게 살아서는 안 되겠다는 생각을 했어요. 지금부터라도 공부를 해서 우리 아이들에게 부끄럽지 않은 엄마가 되어야겠다고 마음먹었죠. 그 길로 서점에 가서 자격증 관련 책을 두 권 사서 공부를 시작했어요. 부끄러운 얘기지만, 고등학교 졸업하고 책을 산 게 그때가 처음인 것 같아요."

여기저기서 감탄과 함께 박수 소리가 들렸다.

"아, 출산 휴가를 마치고 회사에 복귀해서도 공부를 쉬어 본 적이 없어요. 아무리 피곤해도 공부를 거르지 않았어요. 그리고 회사에서 처음으로 업무 개선을 위한 기안도 써 봤어요. 그동안 한 번도 월 우수상을 받아보지 못했는데, 지난달에는 입사 후 처음으로 월 우수사원에 선정되었어요. 노력해서 얻은 결과이기에 제 스스로가 너무 자랑스러워요. 이제 우리 아이들의 기억 속에 커리어 우먼으로 멋지게 살아가는 엄마가 될 거예요."

그녀가 말을 마치고 인사를 하자 우레와 같은 박수가 쏟아졌다. 우연한 기회를 통해 변화를 시도하고 그 결과로 자신의 숨은 가치를 발견한 그녀는 누가 보기에도 멋있었다.

이렇게 스스로 가치를 찾는다면 그보다 더 좋은 일은 없겠지만, 만약 자신의 숨은 가치를 모르는 사람이 있다면 코치의 도움으로 숨은 가치를 찾는 것도 좋다. 자존감이 높아지면 삶을 대하는 태도가 달라지기 때문이다. 자존감 회복은 인생을 주도적으로 살아가는 데 매우 큰 영향력을 미친다.

회사 워크샵 진행중에 한번은 이런 일이 있었다. 분임토의 발표를 해야 하는데, 선뜻 나서서 하겠다는 사람이 없자 결국 막내가 밀려서 앞으로 나아가야 했다. 막내는 조를 대표해서 나선 만큼 잘해야 한다는 심리적 부담을 안고 있었는지, 긴장한 표정이 역력했다. 사내 분위기가 남을 칭찬하거나 돌보는 데 인색했기 때문에 아무리 발표를 잘해도 좋은 소리를 듣기가 쉽지 않을 텐데, 당황하다 보니 목소리가 기어들어갔다. 그럼에도 불구하고 끝까지 최선을 다하는 모습을 보니 안쓰럽기도 하고 대견하기도 했다.

상대방의 기운을 북돋워주는 데 가장 중요한 것은 '칭찬'이다. 나는 많은 사람들 가운데 막내가 나서서 잘 발표해준 것에 대해 칭찬했다. 그리고 발표하는 모습을 보니 강사로서의 숨은 자질도 보인다면서 "사내 강사 한번 도전 해보는 게 어때요? 정말 잘할 것 같은데!" 하고 용기를 북돋워주었다.

그런 일이 있은 몇 달 뒤, 연세가 지긋하신 어머니 한 분이 내 사무실을 찾아오셨다. 알고 보니 분임토의 때 발표에 나선 막내의 어머니였다.

"이사님, 감사합니다. 요즘 제 딸이 몰라보게 밝아졌어요. 그동안은 집에 틀어박혀 나가지도 않고, 친구도 안 만나고, 혼자서만 시간을 보내는 소심한 아이였는데 요즘은 180도로 달라져서 뭐든 적극적으로 나서서 하고 얼굴에 웃음이 가득하답니다. 그게 다 이사님 덕분이에요. 이사님께서 사내 강사 한번 해보라고 하신 말씀이 딸아이에게는 큰 격려가 됐다고 하네요."

"제가 한 게 뭐가 있다고요. 저는 그냥 있는 그대로, 제 생각을 말했을 뿐이에요."

"딸아이는 일은 야무지게 잘하는데 소심해서 대인관계가 좋지 않았어요. 그런데 이사님 말씀을 들은 뒤부터는 자신의 문제점을 고치기 위해 노력하고 있답니다. 사람들 앞에 강사로 나서려면 대인관계가 좋아야 하지 않겠냐며 노력하는 모습을 보니 얼마나 좋은지, 눈물이 다 나더라고요."

그녀를 변화시킨 것은 내가 아니다. 단지 내가 한 일이라고는 그녀의 숨은 가치를 일깨운 것뿐이다. 이렇듯 코칭을 통해 누군가의 별을 찾게 해주는 코치로의 삶에 대해 늘 감사한 마음이다. 코칭의 핵심은 사람들을 현재 있는 곳에서 그들이 바라는 더 유능하고 성취감 있는 곳으로 가게 하는 데 있다. 쉽게 말해 코칭은 개인이나 집단을 현재 있는 지점에서 그들이 원하는 지점으로 갈 수 있도록 인도하는 기술이자 행위인 것이다 사람들이 자신의 비전을 확장하고 자신감을 갖고, 잠재력과 역량을 개발하고 목표를 향해 실천적인 발걸음을 내디딜 수 있도록 돕는 것이다. 그들의 별을 찾게 해주는 것이다.

그룹 코칭을 통해 얻는 효과

1. 지식을 나누면 기하급수적으로 폭넓어지고 강화되므로, 매우 강한 시너지 효과를 가져온다.
2. 동료 그룹 코칭은 같은 직장에 있는 다른 사람에게서 새로운 아이디어를 얻는 데 매우 효과적이다.
3. 상호작용, 함께 나누기, 표현하기, 예절, 연대 기술을 자각하게 된다.
4. 서로에게 색다른 인식과 새로운 패러다임을 제공할 수 있다.
5. 그룹 코칭에 참여한 사람들은 모든 질문에 대답해야 하는 압박감을 벗고, 다른 사람의 의견을 듣는 가운데 그들에게서 배울 수 있다.

Encourage_ 코칭을 받아들일 용기가 있는가?

코칭을 하거나 받아들이는 데는 용기가 필요하다. 코칭을 받아들이지 않고 경계심이나 거부감을 갖게 되면 오히려 역효과가 나기도 한다. 그러므로 코칭을 하거나 받을 때는 경계심이나 거부감이 생기지 않도록 충분히 대화를 해야 한다.

코치는 고객이 주제로 삼은 문제를 그 사람의 문제로 인식하면 안 된다. 그것은 사람의 문제가 아니라 현상이며 변화가 필요한 사항일 뿐이다. 문제 때문에 불편하고, 그 불편함을 해결하기 위해 변화가 필요한 것이다.

그러므로 고객의 잘못을 지적하고 꾸짖으려 하는 태도는 코치로서 바람직하지 않다. 그렇다고 해서 역으로 그 부분을 칭찬할 필요도 없다. 꾸짖거나 칭찬하지 않으면서 코칭 하는 방법, 그것은 바로 '용기'를 북돋워 주는 것이다.

본격적으로 코칭을 시작한 지 얼마 지나지 않았을 때, 대학에서 수학을 가르치는 교수 한 분이 찾아오셨다. 연세도 나보다 위였고, 사회적 지위로 보나 인품으로 보나 존경스러운 분이었다. 자로 잰 듯 똑 부러지는 성격 때문에 주위에 적도 많고 아군도 많았다. 청렴결백이라는 말이 잘 들어맞는 분이었다.

겉으로 보기에는 인자하고 여유로워 보였지만 말 한두 마디만 나눠 보면 결코 그런 분이 아니라는 것을 알 수 있었다. 강박증 같은 게 있어서, 본인이 생각하고 정해 놓은 일과 어긋나는 상황이 발생하면 안절부절 못하면서 불 같이 화를 냈다. 남들이 보기에는 별일도 아닌데, 본인은 그 상황을 부드럽게 넘어가지 못하는 일이 종종 발생하자 주변에서 걱정하는 소리가 높았다.

교수님은 나와 마주앉아서도 본인의 의도대로 상황을 이끌어 가려고 했다. 예를 들어 내가 질문을 던지면 그에 대해 생각하고 대답하는 게 아니라 오히려 나에게 "제가 어떻게 생각할 것 같으세요?" 하고 묻는다든지 "코치님 같으면 그럴 때 어떻게 하시겠어요?", "코치님이 저라면 기분이 어떨 것 같아요?" 하고 나를 시험대에 올렸다. 대화가 진전되지 않자 나도 지쳐 갔다. 하지만 찾아온 고객을 돌려보낼 수 없는 일이라 속으로 한숨만 쉬다가 마침내 결정을 했다.

"고객님은 지금 코칭을 받을 마음의 준비가 안 되신 것 같아요. 죄송하지만, 무슨 얘기를 주제로 삼고 싶은지 정리하셔서, 다음에 다시 한 번 찾아와 주시겠어요?"

교수님은 순순히 다음 시간을 예약하고 돌아가셨다. 하지만 나는 내심 다음 약속 시간에 안 나타나 주길 바랐다. 본인의 주장이 강하고 바뀔 마음이 없는 사람에게는 코칭의 효과를 기대하기 힘들기 때문이다. 그리고 대부분 호기심에 한번 왔다가 다음에는 안 나타난다. 그런데 그 교수님은 예약한 시간에 맞춰 다시 오셨다. 하지만 역시나 마찬가지였다. 그분은 마치 '어디, 무슨 얘기하나 들어볼까?' 하는 자세로 앉아서 불성실하게 답을 했다. 그 다음, 그 다음에도 마찬가지 자세로 사무실을 찾아오셨다. 이런 분을 처음 겪어 본 나로서는 당황스러웠고, 한편으로 '코칭' 이라는 내 일에 대한 도전이 아닌가 싶기도 했다. 이 교수님을 어떻게 코칭할 것인지에 따라 앞으로 코치로서의 여정이 달라질 거라는 생각이 들었다.

내가 먼저 용기를 내서 얘기할 차례라는 생각이 들었다.

"왜 오셨습니까?"

"제가 왜 왔을 것 같으세요?"

고객의 대답을 내가 해서는 안 된다. 고객이 스스로 생각하고 답을 찾도록 하는 게 코치의 역할이다.

"아직 주제를 못 찾으셨나요? 그럼 '소통' 이나 '인정하기' 를 주제로 삼는 건 어떠세요?"

"제게 그 주제가 필요할 것 같아 보이나요? 그렇게 생각하신 이유가 뭔가요?"

"저는 교수님이 그 답을 스스로 찾으셨으면 좋겠어요. 주변과 다른 사람을 살피는 게 아니라, 용기를 내서 교수님의 내면으로 시선을 돌려봤으면 좋겠어요."

"용기라고요? 지금 제게 용기가 없다고 비난하시는 건가요?"

"네, 그렇습니다. 자기를 보지 않고 계속 다른 사람만 보고 평가하시잖아요. 자신을 꼭꼭 숨겨두고 외면하시잖아요. 정면으로 바라보기가 두려우신가요?. 자신을 정면으로 바라보면 자신에 대해서도 냉정하게 평가하게 될까 봐 그게 두려워서요. 아닌가요?"

교수님은 미간을 찌푸린 채 입을 닫아 버렸다. 팽팽한 긴장이 감돌았다. 의자를 박차고 일어나든가 다시 용기를 내서 마음을 열든가, 둘 중 한 가지를 선택해야 할 순간이었다. 교수님은 벌떡 일어나서 한참을 서 있더니 다시 자리에 털썩 주저앉았다.

"솔직히 말하면…… 잘 모르겠어요. 제가 무엇을 알고 있고 무엇을 모르는지, 코치님이 질문할 때마다 혼란스러워요. 하지만 잘 모르고 있으며 헷갈린다는 사실을 들키고 싶지 않았어요. 그건 제 모습이 아니거든요. 저는 수학과 교수예요. 딱 떨어지는 답을 낼 수 있어야 하는데 그게 안 되니까, 그걸 다른 사람이 알아채면 어떡하나 하는 걱정이 들고…….”

코칭을 시작한 지 4회째, 드디어 고객이 자신을 들여다보기 시작했다. 사실 나는 고객의 내면에 파고들어 침해하는 식의 코칭을 하지 않는다. 사람마다 코칭 방식이 다른데, 나는 고객에게 열쇠가 있는 곳을 알려주고 고객이 스스로 그것을 찾아 문제를 해결하도록 유도한다. 하지만 경우에 따라서는 약간의 침해가 필요할 때도 있다.

“삶이라는 게 워낙 예외와 변수가 많다 보니 숫자처럼 딱 떨어지지 않는다는 거, 잘 아시잖아요. 딱 떨어지든 안 떨어지든 그게 중요한 게 아니라 내가 현재 서 있는 자리가 어디인지, 그걸 아는 게 중요해요.”

그렇게 실마리를 잡고 나자 이야기가 술술 풀렸다. 교수님이 용기를 내서 자신을 들여다보고 거기에서 비롯된 문제를 주제로 삼으셨던 것이다.

어쩌면 내게도 고비가 되었을 이 일이 지금은 감사한 기억으로 남는다. 교수님 덕분에 나도 코치로서 성장할 수 있었음을 고백한다.

Resourceful_ 당신이 가지고 있는 재능은 무엇인가?

사람은 누구나 달란트를 가지고 태어난다고 한다. 그것은 '타고난 재능'으로 해석하지만 사실 달란트는 고대 국가에서 사용하던 화폐의 단위이다. 1달란트는 금 33킬로그램 정도에 해당하며 이것은 당시 육체노동자의 20년치 임금에 해당하는 금액이라고 한다.

풀어서 생각해 보면, 사람의 달란트는 20년 정도 먹고살 수 있는 능력이라고 볼 수 있다. 그런데 누구는 자신이 가지고 있는 재능을 활용해 60년을 먹고 살고, 누구는 자신의 재능이 무엇인지조차 몰라 평생 동안 재능을 찾아 헤매는 데 시간을 보낸다. 우스갯소리로, '전쟁터에 호미 들고 나가서 무엇 하며 밭에 총 들고 나가서 무엇 하랴' 고 한다. 장소마다 필요한 도구와 쓰임이 다르다는 뜻이다. 자신이 가지고 있는 달란트를 잘 알고 있다면 어디에서 무엇을 해야 할지, 그 길도 보인다. 평생 길을 찾아 헤매지 않으려면 자신의 달란트를 점검해 보는 게 우선이다.

한 번은 사람들과 점심을 먹으며 국민 MC 유재석에 대해 얘기했다. 텔레비전에 얼굴을 비추는 사람이라면 한둘이라도 안

티팬이나 루머가 있게 마련인데, 유재석에 대해서는 칭찬 일색이었다.

"유재석한테도 안티 카페가 있다는 사실 아세요?"

"진짜? 뭐 때문에 안티 카페까지 만들었대?"

"그런데 그 카페 만든 사람도 재미있어요. 유재석한테는 안티가 없어서 자기가 그냥 재미 삼아 만들어 놨대요. 그리고 그곳에 가입한 회원들도 대부분 유재석 팬이고, 도대체 유재석의 어떤 점에 대해 험담하나 그게 궁금해서 가입한 분들이라네요."

"아마 연예인 중에서 안티가 가장 적은 사람이 아닐까 싶어."

사람들은 유재석이 순발력이 뛰어나고 겸손하며 주변 사람들을 잘 챙기기로 유명하다면서 각종 일화를 꺼내 얘기했다. 하긴, 얼마 전에 인터넷을 검색하다가 '유재석 화법', '유재석의 소통의 법칙' 이란 글을 보고 나 또한 깨달음을 얻었다. 하지만 국민 MC 유재석도 타고난 재담가는 아니었다. 무명시절 그는 방송에서 "안녕하십니까, 반갑습니다"라는 짧은 멘트 하나 제대로 못해서 "안녕갑습니까?" 하고 실수를 했다고 한다.

유재석은 1달란트에 불과한 재능을 타고났으나 자신의 재능과 끼를 믿고 끊임없이 노력했기 때문에 달란트를 10배, 100배로 키울 수 있었던 게 아닐까. 9년 동안 무명 개그맨으로 지내면서도 포기하지 않고 역량을 쌓았기에 지금의 국민 MC가 될 수 있었던 게 아닐까. 자기계발의 전문가로 알려진 지그 지글러는 “재능은 쓸수록 늘어난다”고 말했다. 사소한 재능이라도 계속 꺼내 쓰면 커지지만, 아무리 크고 좋은 재능이라도 쓰지 않으면 작아지게 마련이다.

‘당신의 재능은 무엇입니까?’ 하고 질문했을 때 선뜻 입을 여는 사람이 드물다. 노래를 잘 부르는 친구에게 ‘너의 재능은 멋진 목소리로 노래를 잘 부르는 것’이라고 말했더니 그 친구는 손사래를 쳤다. 그냥 남들보다 조금 나을 뿐이지 재능이라고 말할 것도 없다며……. 이것이 재능에 대한 오해다. “재능”이라고 하면 남들보다 특별히 뛰어나서 눈에 확 들어오는 뭔가를 말하는 것으로 생각한다. 남들보다 조금 뛰어난 것은 재능이라고 말하지 않는다. 그래서 자신이 가진 재능을 제대로 꺼내 쓰지 못하는 것이다. 쓰면 쓸수록 늘어나는 재능을 계속 덮어만 두니 재능이 빛을 볼 기회가 사라지는 것이다.

그리고 한 가지 더. 그림을 잘 그리거나, 노래를 잘하거나, 글을 잘 쓰는 등 예술적인 분야에서 특출한 것만을 재능이라고 하지는 않는다. 다른 사람을 잘 가르치는 것, 배려심이 깊은 것, 끈기가 있는 것도 그 사람의 재능이다. 다만 이것을 현실에서 어떻게 꺼내 적용하느냐에 따라 인생이 달라진다. 가지고 태어나는 재능은 씨앗 혹은 새싹에 불과하므로 그것에 물을 주고, 거름을 주고, 햇빛이 잘 들도록 가꾸는 것은 각자의 몫이다.

Yield_ 어떤 변화를 이루었나?

코칭은 '변화'를 목적으로 한다. 그것이 내적인 변화든 겉으로 드러나는 변화든, 변화를 통해 성장해 가는 게 코칭의 효과다. 하지만 그 변화의 시점이 각기 다르다는 데 변수가 있다. 코칭 주제에 따라 즉각적인 변화가 일어나기도 하지만 반면 변화 속도가 매우 느릴 때도 있다.

코칭 때마다 눈을 빛내면서 적극적으로 참여하던 한 고객이 어느 날은 잔뜩 풀이 죽은 모습으로 찾아왔다. 말인 즉, 20년지기 친구를 만나 자신이 코칭을 받고 있다고 말을 꺼냈는데 그 친구가 콧방귀를 뀌더라는 것이다.

"너 괜한 데 돈 쓰지 말고 정신 차려. 내가 보기에 넌 예전이나 지금이나 똑같아. 하나도 달라진 게 없는데 그런 걸 뭣하러 하니?"

"달라진 게 없다고? 내가 똑같아 보이니?"

"넌 여전히 약속을 안 지키잖아. 오늘도 30분이나 늦게 나왔어. 그리고 미안하다는 말도 없이 커피숍으로 나를 끌고 왔잖아. 나는 배가 고파서 밥을 먹고 싶은데, 너는 금방 밥 먹고 나와서 생각 없다면서 나더러 토스트 먹으라고 했잖아. 넌 뭐든 네 중심적이지. 그동안 상대방을 힘들게 하는 그런 너의 태도가 하나도 변하지 않았는데, 도대체 뭐가 변했다는 거니? 너 오늘이 내 생일인 거 몰라? 네가 먼저 만나자고 해놓고서 너무한 거 아냐? 와서도 계속 너는 네 얘기만 하잖아."

"아, 미안. 너한테 생일선물로 무엇을 사줄까 하고 선물 가게 기웃거리다가 늦었어. 그런데 아무리 봐도 네가 무얼 좋아할지 잘 모르겠어서 사지 못하고 온 거야. 너를 더운 길거리에 오래 세워둔 게 미안해서 시원한 커피숍에서 일단 숨 좀 돌리려고 한 거고. 내 중심적으로 행동해서 미안해. 하지만 난 네가 내 마음을 알고 있을 줄 알았어."

"됐다. 오늘은 기분이 상해서 밥 같이 먹지 못하겠다. 다음에 봐."

그렇게 친구가 자리를 박차고 나가자 멍하니 자리에 앉아 있다가 집으로 돌아오는데, 마음과 발걸음이 무거웠다고 했다.

"코치님, 제가 정말 변한 게 없나요?"

"그건 본인에게 질문하셔야죠. 변한 게 하나도 없나요?"

"아니에요. 진짜 많이 변하고 편해졌는데, 왜 친구는 그걸 몰라볼까요? 20년 넘게 알아온 제일 친한 친구인데 말이에요."

"어떤 점에서 변화를 경험하셨나요?"

"저희 부모님은 제가 다섯 살 때 이혼을 하셨어요. 그때 제 여동생은 두 살이었고요. 저희는 엄마와 외할머니 손에 자랐죠. 외할아버지는 엄마가 태어난 다음해에 사고로 돌아가셨대요. 어찌 보면 저와 동생에게는 '남자' 의 모범이 될 만한 모델이 없었던 거죠. 그래서 학교생활을 하고 사회에 나와서도 남자들과 부딪히고 함께 일하는 게 힘들었어요. 아, 이런 사실도 코칭을 받으면서 알게 된 거예요. 그 이전에는 그냥 사람들과의 관계가 불편하다고만 생각했죠. 나랑 안 맞는 사람들이 너무 많다고. 그런데 가만히 생각해 보니 '모든 사람' 과 불편하고 힘든 게 아니라 '남자' 하고만 그렇더라고요. 그런 사실을 깨닫고 보니 다른 사람의 문제가 아니라 바로 제 자신의 문제라는 걸 알겠더라고요. 그 이후 남자들과의 관계에서 더 이상 문제가 발생하지 않았어요. 회사에서도, 친구들과도 관계가 많이 좋아졌고 제 마음도 편해요."

"그런데 친구가 그것을 몰라줘서 서운한가요?"

"서운하다기보다는 왜 이렇게 큰 변화가 그 친구 눈에는 안 보이는 건지 모르겠어요. 제게 하나도 변한 게 없다잖아요."

"사람들은 다 자기의 관점에서 바라보고 평가하니까요. 지금 고객님의 인생 전체로 봤을 때 큰 변화가 일어나고 있지만, 친구에게는 그게 중요하지 않을 수 있죠. 친구는 약속 시간을 잘 안 지키고 상대방에 대한 배려가 적은 고객님이 변화하기를 바라고 있으니까요. 그러한 모습이 비뀐다면 친구는 비로소 고객님의 변화를 인정할 거예요."

"아, 그렇겠군요. 말씀을 듣고 보니 맞는 것 같아요. 제가 처음부터 끝까지 완전히 바뀐 게 아니라, 힘들었던 일부분만 바뀐 것뿐이니까요. 그것을 제외한 나머지는 하나도 안 변한 것처럼 보일 수도 있겠네요."

사람에게는 수십, 수백 가지의 다양한 면이 있고 그 중 몇 가지 면에만 변화가 일어나기도 한다. 변화는 거기서 멈출 수도 있고 도미노처럼 점진적으로 확대해 나갈 수도 있다. 그것은 코칭을 하는 사람과 받는 사람이 얼마나 적극적으로 임하느냐에 따라 달라진다.

코칭을 통해 변화가 일어났다고 해서 이것이 끝은 아니다. 변화는 새로운 출발점이 된다. 변화에 맞춰 또 다른 문제가 생길 수 있고 혹은 더 큰 발전을 기대하는 마음이 일어나기도 한다. 그래서 나는 자신을 돌보며 스스로를 코칭하는 능력을 키우라고 말한다. 가장 가까이에서 즉각적으로 도울 수 있는 사람은 바로 자기 자신이기 때문이다.

KEY POINT **인생에 새로운 방향을 제시해 주는 질문 30가지**

1. 나는 누구인가? 사람들은 나를 생각하면서 어떤 이미지나 의미를 떠올릴까?
2. 미래에 (나에 관해) 가장 걱정되는 것은 무엇인가?
3. 오늘이 내 삶의 마지막 날이면 나는 오늘 무엇을 할까?
4. 내가 정말 두려워하는 것은 무엇일까?
5. 내가 버려야 할 것, 과감히 끊어야 할 것은 무엇일까?
6. 지금이 아니라면, 그럼 언제 할까?
(계속 마음에 걸리는 무언가에 대해)
7. 내 인생에서 가장 중요한 것은 무엇일까?
8. 7번 질문과 관련하여, 내 인생에 가장 중요한 것과 관련해서 나는 무엇을 하고 있나?
9. 내가 중요하게 여기는 것들은 무엇인가?

10. 최근에 가장 가치 있고 인상 깊었던 것은 무언인가?

11. 오늘 내가 누구를 웃음 짓게 만들었나?

12. 내가 포기한 것은 무엇인가?

13. 안정적인 삶을 마다하고 새로운 도전을 한 사례가 있는가?

14. 방금 태어난 나의 아이에게 해주고 싶은 가장 중요한 조언은 무엇인가?

15. 남에게 친절을 베푼 사례 중 가장 기억에 남는, 잊지 못할 일은 무엇인가?

16. 사람은 언젠가 죽는다는 점을 염두에 두고, 어떻게 살아야 할까?

17. 현재 내 모습에서 바꾸어야 할 점은 무엇일까?

18. 내가 누군가를 사랑하는 것이 중요한가, 사랑을 받는 것이 중요한가?

19. 주변에 신뢰할 수 있는 친구는 몇 명이나 있나?

20. 인생에 가장 강력한 영향을 준 사람은 누구인가?

21 인생에 강력한 영향을 끼친 책 세 권을 꼽자면?(그 책으로부터 '무엇' 을 배웠는가?)

22. 인생에 강력한 영향을 끼친 세 개의 글귀는?

23. 내 인생에서 가장 원하는 것은 무엇인가?

24. 인생의 콜링(소명, 삶의 목적)이 무엇인가?

25. 무엇이 더 최악인가? 실패하는 것 아니면 아예 시도조차 하지 않는 것?

26. 반드시 해야 한다고 생각하는 중요한 것임에도 불구하고 계속

미루고 있는 것은 무엇인가?

27. 내가 세상을 떠난 이후, 사람들이 나에 대해 기억해 주었으면 하는 단 한 가지는 무엇인가?
28. 남들이 나를 어떻게 생각하는지가 정말 그렇게 중요한가?
29. 삶을 잘 통제하면서 꿈꾸는 대로 살고 있다고 자부할 수 있나? 아니라면 그 방해요인이 무엇인가?
30. 올해 달성하고 싶은 것을 단 하나만 고른다면?

3 나는 발전한다. 고로 존재한다

코칭의 목적은 성장과 발전이다. 그리고 성장과 발전의 첫 단계는 현실 점검이다. 현실을 올바르게 점검하기 위해 자신에게 냉철한 질문을 던져 볼 필요가 있다. 현실을 점검한 다음에는 미래를 설계할 차례다.

— 나는 그 동안 어떤 모습으로 살아왔나?
— 나에게는 꿈이 있나?

이 두 가지 질문은 자신을 돌아보고 미래를 설계하는 데 중요한 의미가 있다. 그나마 첫 번째 질문, 살아온 과정을 돌아보는 일은 수월한 편이다. 이미 지나온 과정이며 당장 눈앞에 보이기 때문이다. 그러나 두 번째 질문, 꿈을 말하며 미래를 설계하는 것은 결코 쉽지 않다. 사는 동안 여러 번 자신의 꿈이 현실 앞에 무너지는 좌절을 경험했으며, 여건이나 상황 때문에 꿈을 포기

해야 하는 순간도 있었다. 그럭저럭 현실에 적응하면서 '꿈'이나 '미래'는 잊고 '발등에 떨어진 현실'을 돌아보는 데 익숙해졌다. 그러다 보니 꿈이나 미래를 얘기하는 것이 낯선 것이다. 꿈에 대해 말하기를 주저하는 고객이라면 질문을 바꿔 보자.

— 10년 뒤 나는 어떤 모습으로 살아가고 있을까?

최대한 상상력을 발휘해서 미래를 예측해보자. 10년 앞이 어렵다면 5년 앞은 어떤가? 그때 자신은 어떻게 살고 있을지 상상이 되는가? 그렇다면 그 모습이 만족스러운가? 단란한 가정, 경제적인 안정, 사회적 지위, 여유로운 취미생활…… 그렇게 꿈을 다 이룬 모습인가? 아직도 꿈을 향해 달려가는 중인가?

나날이 불황이요 치열한 경쟁사회에서 자신의 꿈을 이루기란 쉽지 않다. 인생을 살아가는 데 불가사의한 일 중 하나는, 누구는 성장 발전하고 누구는 맨날 제자리걸음이라는 점이다. 똑같이 열심히 노력해도 결과는 항상 나뉜다. 이때 성장 발전하는 사람들의 공통적인 특징 중 눈에 띄는 한 가지는, 그들은 과거나 현재가 아닌 미래에 초점을 맞추고 있으며 미래를 성취하기 위한 의지와 추진력이 남보다 뛰어나다는 점이다. 코치는 고객이 자신의 꿈을 현실로 만들 수 있도록 미래를 설계하는 데 도움을 주어야 한다.

현재는 항상 진행형이기 때문에 만족스러울 수도, 그렇지 않을 수도 있다. 미래는 현재의 연장이지만 현실에 지나칠 정도로 집착하다 보면 꿈과 미래를 내다볼 여유가 없으며 발전 가능성도 그만큼 줄어든다. 현실을 정확하게 인지하되 그것이 꿈과 미래를 만들어가는 초석임을 잊어서는 안 된다.

먼저, 현실을 점검하기 위한 문항에 직접 체크를 하면서 자신의 상태를 점검해 보자.

현실 점검 체크리스트

다음 체크리스트에 체크를 하면서 나이, 경제 상태, 가족 관계 등 현재 자신의 위치를 살펴보자. 미래를 설계하려면 자신의 현재 모습을 분명히 알아두어야 한다. 현재와 미래를 모른 채 나머지 인생을 설계한다면 또 다른 시행착오를 낳게 마련이다.

1. 앞으로 나의 인생은 얼마나 남았는가?

10년 (　　) 15년 (　　) 20년 (　　) 25년 (　　)

30년 (　　) 35년 (　　) 40년 (　　) 45년 (　　)

2. 사회적 평균과 비교했을 때 내가 가지고 있는 자산은 어느 정도인가?

상 (　　) 중 (　　) 하 (　　)

3. 현재 내가 소유하고 있는 자산 가치는 얼마나 되나?

— 집은 자가인가, 임대인가? 평수 어떻게 되나?

— 자동차를 소유하고 있나? 있다면 모델은 무엇인가?

— 자영업을 하는가, 직장을 다니는가? 직장을 다니고 있다면 직책은 무엇인가? 현재 직장의 정년퇴직 연령은 어떻게 되나?

— 한 달 수입은 얼마나 되나?

— 한 달 지출은 얼마나 되나?

— 현재 부채는 얼마나 되나?

— 자녀는 몇인가?

— 나의 건강 상태는 어떠한가?

— 취미생활을 하고 있나?

— 직장생활 외에 다른 그룹 활동을 하고 있나?

— 가장 친한 친구 그룹은 어디인가? 친구들과는 어떤 관계인가?

— 노후에 대한 대책을 마련하였나?

— 재정적 자유를 위해 투자하고 있나?

— 시간적 자유를 위해 투자하고 있나?

4. 평소에 간절하게 꿈꾸어왔던 세 가지는 무엇인가?

- ______________________________
- ______________________________
- ______________________________

5. 꼭 해보고 싶었던 일 세 가지는 무엇인가?

- ______________________________
- ______________________________
- ______________________________

6. 인생을 새로 시작한다면 어떤 모습으로 살고 싶은가?

7. 남은 인생 동안 꼭 해보고 싶은 일 세 가지는 무엇인가?

- ______________________________
- ______________________________
- ______________________________

8. 앞으로 갖고 싶은 세 가지는 무엇인가?

- ______________________________
- ______________________________
- ______________________________

9. 소중한 사람들과 함께 해보고 싶은 일은 무엇인가?

10. 어느 날 공돈이 생겼을 때 가장 해보고 싶은 일은 무엇인가?

— 10만 원

— 30만 원

— 50만 원

— 100만 원

— 300만 원

— 500만 원

— 1,000만 원

— 1,000만 원 이상

11. 자기 발전을 위해 새롭게 배우는 것이 있나? 아니면 배우고 싶은 것이나 배움을 계획하고 있나?

12. 사람들이 나를 어떤 말로 평가할 때 가장 기분이 좋은가?

13. 새롭고 낯선 것을 대하는 나의 태도는 어떠한가?

14. 사람들과 의견 대립이 생겼을 때, 주로 어떤 식으로 행동하는가?

15. 마음에 드는 자기의 습관은 무엇인가?

16. 고치고 싶은 습관은 무엇인가?

17. 자신이 가장 큰 가치를 두는 것은 무엇인가?

18. 집, 직장, 사회에서 자신의 위상은 어떠한가?

- 집
- 직장
- 사회

19. 사람들의 마음을 움직일 수 있는 무기가 있나? 없다면 어떤 무기를 갖고 싶은가?

20. 자신의 묘비에 새기고 싶은 묘비명은 무엇인가?

인생은 누구에게나 어렵고, 힘들고, 공평하다. 현재 자신의 모습은 내면의 결정이 겉으로 드러난 결과이다. 모든 것의 근원은 마음속에 있으며, 보다 나은 미래는 마음의 변화에서 출발한다.

살다 보면 우여곡절이 많아서, 희로애락을 반복하게 된다. 희로애락(喜怒哀樂)중 마다하고 싶은 것이 있으니 바로 노(怒)와 애(哀)다. 하필 왜 이렇게 불행하고 슬픈일이 자신에게 닥친 것인지 원망스러울 때가 있다. 그러나 나는 불행 또한 축복이라고 생각한다.

사람은 시련을 통해 겸손해지고 점차 삶의 균형을 찾게 된다. 시련을 있는 그대로 받아들이면 긍정적인 측면이 보이기 시작한다. 그리고 내면 깊숙한 곳으로부터 진정 자신이 하고 싶은 것, 찾고 싶은 것이 무엇인지 깨닫는다. 돌이켜보면, 과거의 시련이 아마도 그것을 찾기 위한, 그 길로 가기 위한 하나의 과정이었음을 알게 될 것이다.

현실을 보았다면 그 다음에는 꿈을 꾸고 용기 있게 행동하라. 꿈을 찾는 마음의 여정을 통해 자신의 존재가치와 목적을 발견해 보자. 원하는 목표와 자아성장을 이루어가는 종합적인 인생의 목적과 방법론을 코칭을 통해 찾아보자. 마음이 바뀌고 몸이 움직이면 인생이 바뀐다.

4 최고의 코치는 자신이다

코칭 수업을 받고 고객을 만났을 때 흔히 실수하기 쉬운 것이 침해적인 방법으로 코칭을 하는 것이다. 고객들은 남보다 부족해서 문제 해결을 못하는 게 아니라 자신의 문제를 객관적으로 보지 못하기 때문에 해결하지 못하는 것이다. 다른 사람의 문제를 정확하게 꿰뚫고 조언을 잘해 주는 사람이라고 해도 막상 자신의 문제 앞에서는 괴로워한다. 그 문제에 빠지면 문제 외에 아무것도 보이지 않기 때문이다.

술통에 빠진 사람은 사방에서 술냄새가 나고, 꿀통에 빠진 사람은 세상이 다 꿀냄새로 진동하는 것과 같은 이치다. 그래서 하는 수 없이 문제에 부딪히면 선생님도 코치를 찾고 목사님도 코치에게 코칭을 의뢰한다.

그때 코치는 고객이 자신의 내면에서 스스로 답을 찾도록 가이드를 해야 한다. 그런데 한 발 떨어져서 보니 '왜 저렇게 단순한 문제를 가지고 고민할까? 답이 명확한데 왜 저걸 모르는 거지?' 싶은 마음이 들 때도 있다. 그래서 침해적인 방법으로 코칭을 하게 된다. 다시 말해, '이건 이거고 저건 저거니, 이렇게 해 보세요' 하고 먼저 문제 해결책을 내놓는 것이다.

하지만 한 가지 문제에 하나의 답만 있는 건 아니다. 상황이라는 게 있고 입장차도 있다. 코치에게는 최선으로 보이는 해결책이 고객의 입장에서는 최선이 아닐 수 있다. 무엇이 최선인지는 본인이 가장 잘 안다. 최고의 코치는 바로 자기 자신이라는 말은 그런 뜻이다. 코치는 고객이 스스로 알고 있는 해결책을 꺼내서 들여다보게 하는 것까지가 자신의 역할임을 명심해야 한다.

그렇다면 셀프코칭이 가장 현명한 것일까? 꼭 그런 것은 아니다. 셀프코칭에는 자신을 객관화하는 능력이 필요하다. 그렇지 않으면 술통에 빠진 사람과 다르지 않다. 셀프코칭을 할 때는 자신을 객관화하고, 문제를 한 발 떨어져서 바라봐야 한다. 그런 다음 차갑게 질문하고 솔직하게 대답해야 한다. 비침해적으로 코칭하고 즉각적으로 실천하는 것, 그것이 이상적인 셀프코칭이 아닐까 싶다.

자기 관리 체크리스트

다른 사람을 코칭하기 전에 자신을 먼저 점검할 필요가 있다. 전반적인 신체 상태는 어떤지, 건강은 양호한지, 심리적으로 안정돼 있는지 등 기초적인 사항을 알 수 있는 체크리스트다. 그럼에도 불구하고 사소한 것이라고 그냥 넘어가지 말고 꼭 체크해 보기 바란다. 고대 로마의 시인은 시구에서 '건강한 육체에 건전한 정신이 깃든다' 고 말했다. 육체와 정신의 균형과 조화를 강조한 말이다. 자신의 건강관리에 철저한 사람이 고객의 건강에도 관심을 기울이며 코칭할 수 있다.

1. 정기적으로 건강 검진을 받으며, 건강에 이상을 느낄 때는 즉각 병원에 가는 편인가? 병원에 가지 않는다면 그 이유는 무엇인가?

2. 일주일에 운동을 하는 횟수와 시간은 얼마나 되나?

3. 편식하는 습관이 있나? 음식을 먹을 때 입에 좋은 음식을 먹는 편인가, 아니면 몸에 좋은 음식을 먹는 편인가?

4. 체중은 정상인가?

(체중은 건강을 측정하는 바로미터다. 비만과 과체중 혹은 저체중은 건강을 위협하는 요소이므로 운동과 식이조절을 통해 정상체중을 유지해야 한다. 비만을 측정하는 방법 중 하나인 BMI 계산법을 통해 자신의 비만도를 측정해 보자. 체질량지수는 체중(kg)을 신장(m)의 제곱으로 나눈 값을 말한다. 이때 신장은 cm가 아니라 m라는 점에 주의하자.

체질량지수(BMI)=체중(kg)÷(신장(m))2

BMI(kg/m2)	분류
18.5 미만	저체중
18.5~29.9	정상체중
23~24.9	과체중
25~29.9	비만 1
30~39.9	비만 2
40 이상	심각한 비만 3

5. 술을 마신다면 주량은 어떻게 되나? 흡연을 한다면 하루 몇 개비를 피우나? 금주와 금연에 대해 생각해 본 적이 있나?

6. 가족에게 유전되는 질병이 있나? 있다면 치료를 받고 있나?

7. 가족 분위기는 어떠한가? 경직돼 있나, 자유로운 편인가?

8. 거울에 비친 자신의 모습이 어떠한가? 머리모양, 옷차림, 자세 등이 단정한가? 처음 보는 사람에게도 호감을 줄만한가?

9. 운전을 할 때 교통법규를 준수하나? 교통범칙금을 낸 적이 있다면 주로 무엇을 위반했기 때문인가?

10. 사람들과의 소통에 문제가 없고 관계가 원만한가?

11. 부정적인 생각이 떠올랐을 때 극복하기까지 시간이 많이 걸리는 편인가? 최근 자신을 힘들게 한 사건을 적어 보자.

12. 근거 없는 소문에 휘둘리거나 분노하는 편인가? 아니면 반대로 남의 말보다는 자신의 신념과 가치 판단에 의존하는가?

13. 낯선 사람과도 쉽게 말하고 친해지는 성격인가?

14. 사무실 혹은 자신의 공간이 잘 정리되어 있나?

15. 자신이 일을 하는 기준은 무엇인가? 재미있기 때문인가, 인정받고 싶기 때문인가? 경제적인 이유 때문인가?

16. 자신의 삶이 영적인 면에서 만족스러운가?

17. 가정은 자신에게 어떤 의미인가?

18. 하는 수 없이 참고 견디며 마지못해 유지하는 관계가 있나? 그 관계를 유지하기 위해 어떤 일을 하고 있나.

19. 10억 원을 줘도 바꾸지 않을, 자신에게 가장 중요한 것은 무엇인가?

20. 자신의 신념을 적어서 책상 머리맡에 붙여 본 적이 있나? 없다면 지금 당장 해보는 것은 어떨까?

자신이 온전히 자유롭고 충만한 사람은 코칭을 위해 애써 노력하지 않아도 된다. 그저 자신에게 넘치는 것을 고객과 나누면 된다. 자신이 부족하고 늘 갈증을 느끼는 상태에서는 좋은 코칭을 기대하기 어렵다. 그래서 코치의 자격을 말할 때 나는 '마음의 여유'를 손꼽는다. 그리고 '삶의 수레바퀴'를 잘 관리하고 닦은 사람이어야 한다는 게 변함없는 생각이다.

자기관리를 잘하는 사람이 타인의 삶도 잘 관리해 주지 않을까? 그래서 코치는 공적인 모습과 개인적인 모습 모두에서 일관성이 있어야 한다.

5 조직성이 높으면 삶이 수월하다

사람마다 다양한 측면을 가지고 있는데, 그 내면이 조화를 이루고 안정적인 상태일 때 편안함과 만족감을 느낀다. 이렇듯 중심이 확고할 때 만족감이 높아질 뿐만 아니라 고객을 코칭할 때 효과 또한 높아진다. 내면의 조화를 '조직성' 이라고 하는데, 개인의 조직성은 시간, 공간, 생활, 변화라는 네 가지 영역에서 표출된다.

조직성이 높은 사람일수록 삶이 수월하고 주변 사람들과도 조화를 이루며 원만한 사회생활이 가능하다. 자신의 조직성이 어느 정도인지 점검해 보기 바란다. 조직성 점검을 통해 인생을 편하고 즐겁게 살 수 있는 지름길을 찾을 수 있을지도 모른다.

조직성 체크리스트

1. 중요한 결정을 내릴 때 어떤 방법을 사용하는가?
   본인의 직감에 맡기는 편인가, 다른 사람에게 조언을 구하는 편인가, 아니면 책이나 기타 자료를 찾아 공부한 뒤 결정하는 편인가?

2. 하루를 시작할 때 계획을 세운 다음에 움직이는 편인가 아니면 즉흥적으로 움직이는 편인가? 그렇게 할 때의 장단점은 무엇인가?

3. 자신의 스타일을 고수하는 편인가 아니면 상대방의 스타일에 맞추는 편인가?

4. 효율적인 일처리를 위한 자신만의 특별한 노하우가 있나?

5. 집중력을 높이기 위한 방법은 무엇인가?

6. 대화를 하거나 일처리를 할 때 본론에서 벗어났다가도 쉽게 제자리로 돌아오는 편인가?

7. 업무나 혹은 인간관계에 있어서 우선순위로 삼는 것은 무엇인가?

8. 일을 효율적으로 하기 위해 도구나 물품을 동선에 따라 잘 정리하는 편인가?

9. 갑작스런 미팅이 생겼을 때 자신이 준비되지 않았다면 뒤로 미루는 편인가 아니면 상황을 설명하고 준비되지 않은 상태에서도 미팅을 하는가?

10. 일을 할 때 작업 환경이 자신에게 미치는 영향은 어느 정도인가? 업무 효율을 높이는 가장 이상적인 작업 환경은 어떠한가?

11. 스트레스를 관리하는 자신만의 방법이 있나?

12. 휴식, 여가, 취미 활동을 즐기는가? 자신의 에너지를 회복시키는 가장 큰 원동력은 무엇인가?

13. 사람들이 자신을 어떻게 평가하는지 그것이 신경 쓰여 원하지 않는 행동을 할 때가 있는가? 그런 적이 있다고 할 때, 시간을 되돌릴 수 있다면 어떻게 바꾸고 싶은가?

14. 자신을 가장 힘들게 하는 생활패턴은 무엇인가?

15. 다른 사람에게 도움을 요청하는 것보다 혼자서 문제를 해결하는 데 익숙한 편인가?

16. 조직 내 변화에 민감한 편인가? 적응을 잘하는 편인가?

17. 변화를 발전이나 기회로 생각하는가 아니면 낯설고 불편한 장애물로 생각하는가?

18. 결정이나 선택의 상황에서 짧게 고민하는 편인가, 신중한 편인가?

19. '결정' 을 위한 기준은 무엇인가? 본인이 결정한 일에 대한 사례를 들어 보자.

20. 자신의 조직성 중 가장 마음에 드는 면은 무엇인가?

조직성을 점검하고 자신의 상태를 확인했다면, 그간 자신이 어떻게 살아왔으며, 어떤 성향을 가지고 있고, 앞으로 어떤 목표를 그리며 살 것인지 대략 짐작할 수 있을 것이다. 대개의 사람들은 쉽고 편하게 살기를 원한다. 그러나 개중에는 그런 삶을 마다하는 이도 있다. 왜일까? 거기에는 다 이유가 있다. 명분에 의해 의식적으로 험난한 길을 선택하는 사람이 그 한 부류이며, 다른 한 부류는 자신이 선택한 길이 어떤 의미인지 그리고 앞으로 어떤 길이 어떻게 펼쳐질지 알지 못하는 부류다. 알지 못하기 때문에 무의식에 저장된 패턴에 따라 움직이는 것이다.

그것이 단순히 육체적으로 힘든 길이라면 어떠한 선택을 하든 상관없다. 젊은 시절 고생은 사서도 한다지 않은가. 그리고 나는 육체적인 고통이 때론 약이 된다고 생각하는 사람 중 하나다. 그러나 정신적인 고통은 다르다. 그것은 약이 되기도 하고 독이 되기도 한다. 흔히 말하는 '독이 든 성배' 다.

자신이 감당할 수 있다면 그것은 성배가 될 것이요, 거기에 들어 있는 독을 감당할 수 없다면 독배가 될 것이다. 그리고 자신의 그릇을 가늠하기 힘든 상황이라면 굳이 모험을 할 필요가 없다. 조직성을 높여야 하는 이유가 여기에 있다. 자신의 내면에 깃든 다양한 성향과 성격, 가치관, 신념 등이 유기적으로 조직화될 때, 이것이 독배인지 성배인지 분간할 수 있는 분별력이 생긴다. 그리고 좀 더 삶을 수월하게 살아갈 수 있는 길을 알게 된다.

CHAPTER 4 코치 기우정의 남다른 생각

소통을 할 때 말로서 전달되는 내용은 생각보다 적으며, 소통의 90퍼센트는 듣는 것이라고. 단, 그들이 말하는 '듣는 것'은 단순히 소리를 듣는 것이 아니다. 귀로 듣는 것은 물론이고 동시에 눈과 가슴으로 들어야 한다. 그렇게 할 때 바로 감지하고, 직관하고, 느낄 수 있다.

1 익숙한 것으로부터의 탈피

내가 왼손잡이였다는 사실을 알게 된 것은 초등학교 입학 후였던 것 같다. 밥을 먹을 때, 연필을 잡고 글씨를 쓸 때도 오른손을 사용했기 때문에 나는 내가 왼손잡이인지 전혀 알지 못했다.

그런데 어느 체육 시간에 공을 던지는 내 모습을 보고 선생님께서 말씀하셨다.

"기우정, 너 왼손잡이구나."

내 왼쪽 손에 공이 들려 있었던 것이다. 그때 처음 알았다. 내가 왼손잡이라는 것을. 곰곰이 생각해 보니 냇가에서 돌을 던질 때도 다른 아이와 다르게 왼손으로 던졌던 기억이 떠올랐다. 가끔 어머니가 집에 안 계실 때 도마에 김치를 올려놓고 칼을 드는 손도 왼손이었다. 신발주머니를 드는 손도 왼손이었고 친구들과 구슬치기를 할 때도 왼손으로 조준을 했다. 나는 처음부터 왼손잡이였던 것이다.

왼손잡이라고 해서 별다른 어려움이 있었던 건 아니다. 남들이 오른손으로 하는 일을 나는 왼손으로 할 뿐이었으니까. 그런데 정작 문제는 군대에 입대하고 나서 생겼다. 신병훈련소에서 훈련을 받는데 왼손잡이로서의 불편함과 고통이 극에 달했다. 사격 시간, 다른 사람들은 모두 개머리판을 오른쪽 어깨에 가져다 대는데 나는 왼쪽 어깨에 가져다 대야 했다. 그게 어찌나 불편하고 어색하던지 도무지 사격에 집중할 수가 없었다. 그리고 가장 견디기 힘들었던 것은 실전 사격연습에서 탄피를 받는 일이었다. 내 선임병은 다른 사람과 반대 자세를 취하고 탄피를 받아야 했으며, 그 때문에 탄피를 제대로 받지 못해 훈련 조교로부터 고된 기합을 받아야 했다. 아마도 다른 사람들처럼 내가 오른손잡이였더라면 그 선임병은 실수를 줄일 수 있었을 것이다. 상황이 이러다 보니, 내가 왼손잡이인 것이 너무나 불편하고 화가 나기까지 했다.

그 즈음 '왼손잡이는 오른손잡이보다 평균수명이 9년 짧고 수입도 12퍼센트 낮다' 는 연구 결과가 발표되었다. 문손잡이든 나사든 모든 게 오른손잡이 중심인 데다가 체인톱을 비롯한 기타 작업도구가 오른손잡이에 맞춰져 있다 보니 사고도 많고 그에 따른 스트레스도 많다는 것이다. 그 결과를 보면서, '더 이상 왼손을 안 써야 하는 건가' 하고 고민한 적이 있다.

제대 후 사회생활을 하면서 다시 한 번 왼손잡이로서의 어려움과 맞닥뜨린 것은 골프를 시작하면서부터였다. 1990년대 초만 해도 지금처럼 골프가 대중화되지 않았기 때문에 골프클럽 하나 구하기도 쉽지 않았으며, 골프 연습장에 가서도 왼손잡이를 위한 전용좌석은 거의 없었다. 큰 연습장에 가야 겨우 맨 마지막 귀퉁이에 전용좌석이 하나 정도 있을까 말까 한 정도였다. 그런저런 불편함 때문에 나는 결국 골프 배우기를 포기했다.

많은 시간이 흘러 2004년, 골프를 다시 시작하기 위해 골프 연습장을 향했다. 왼손잡이로서의 불편함을 얘기했더니, 골프 강사 말이 왼손잡이도 연습하면 오른손으로 칠 수 있다고 했다. 그러면서 오른손으로 스윙 연습을 해보라고 했다. 주저하며 머뭇거리자 강사는 '제가 가르친 사람 중에 왼손잡이가 다섯 명 있는데, 그중 한 명만 빼고 다 오른손으로 골프를 칠 수 있도록 코칭했습니다. 처음에는 어색하겠지만 연습을 하다 보면 익숙해져요. 저를 믿고 한번 연습해 보세요' 하고 격려했다.

나에게 편한 왼손으로 할까 아니면 오른손으로 한번 도전해 볼까 고민하다가 코치 말대로 오른손으로 연습해 보기로 했다. 정 안 되면 그때 왼손으로 바꿔도 상관없는 일 아닌가. 그런데 신기한 일이 벌어졌다. 몇 년 전에는 공을 맞추기는 커녕 클럽

잡는 것조차 부자연스럽고 자세가 우스꽝스러웠는데, 코치의 지도에 따라 연습을 해보니 오른손이 조금씩 익숙해지기 시작하였다. 이러한 변화에 내 스스로가 놀라움을 감출 수 없었다. 오른손으로도 익숙해지자 갑자기 골프가 즐거워졌고 나는 한동안 골프에 몰입해 즐거운 시간을 보냈다.

사람들은 내가 왼손잡이인줄 잘 모른다. 칼질을 하거나 공을 던질 때를 제외하고는 거의 오른손을 쓰기 때문이다. 왼손이면 어떻고 오른손이면 어떠한가? 중요한 것은 내게는 두 손이 있고, 살면서 이 두 손을 활용하여 많은 일을 해내고 있으며, 앞으로 더 많은 일을 해나갈 것이라는 사실이다.

색소폰과 기타를 이용해 아름다운 노래를 연주할 수 있는 두 손에 대한 경외와 감사함, 그리고 이렇듯 온전히 컴퓨터 자판기를 두드리며 글을 쓸 수 있다는 사실에 대한 고마움, 내 사랑하는 아내와 아이들을 쓰다듬고 보듬을 수 있는 이 두 손이 주는 감사함을 무엇에 비할수 있으랴. 새삼 두 손에 대한 감사가 넘쳤다. 가끔 손을 내려다보고 있으면 잊고 살았던 두 손에 대한 많은 감사한 생각들이 떠오른다. 나와 내 가족을 성장시키고 불편함 없이 지켜준 이 손에 감사할 따름이다. 그리고 온전하게 두 손을 주신 부모님께도 감사를 드린다.

2 가슴으로 들어라

한글은 소리글자인 데 반해 한자는 뜻글자이다. 그래서 한자를 부수와 그 나머지로 나누고 하나하나 풀어서 보면 재미난 해석도 가능하다. 얼마 전 들을 청(聽) 자에 대한 재미난 해석을 들었다. "聽(청)" 자를 자세히 풀어 보면 耳+王+十+目+一+心의 조합으로 볼 수 있다.

왼쪽을 보면 귀 이(耳) 자 밑에 임금 왕(王) 자가 있다. 그리고 오른쪽은 열 십(十) 자 밑에는 눈 목(目) 자를 옆으로 눕혀 놓은 모양이 보인다. 그 아래 한 일(一) 자와 마음 심(心) 자가 차례로 놓여 있다. 이를 풀이하면, 왕의 귀처럼 커다란 귀로 집중해서 듣고, 열 개의 눈으로 파악해서 하나의 마음으로 들으라는 말이다. 소리를 듣는다는 것은 단지 음성을 듣는 것이 아니라 이렇듯 경청하라는 의미를 담은 것이니, 이 얼마나 멋진 해석인가! 이렇게 들어주는 사람이 있다면 얼마나 행복할까?

나의 직업은 코치다. 코칭을 잘하기 위해서는 경청, 질문, 인정과 칭찬, 메시징 등 코칭에서 요구하는 각종 스킬에 대해서 익숙해질 필요가 있다.

'경청' 이란 상대가 하는 말을 정확히 가슴으로 이해하는 과정이다. 경청은 듣기와 사뭇 다르다. 듣기는 귀에 들어오는 단어를 인식하는 것으로, 영어로는 'Hear' 에 해당한다. 반면에 경청은 'Hear' 와 달리, 상대의 이야기를 단순히 귀로 듣는 것이 아니라 마음으로 듣는다는 표현이 더 맞다. 귀 기울여 듣는 일이니 영어로는 'Listen to' 와 뜻이 흡사하다. 다시 말해 '듣기' 는 청각 기능이지만 '경청하기' 는 적극적이며 의도적인 행동이다. 또한 경청하기는 상대방을 이해하려는 의지를 갖고 듣는 것을 말한다. 이해하려는 마음이 있으며 콩으로 메주를 쑨다고 해도 그 말을 듣고 고개를 끄덕이게 된다. 상대방의 가치관을 수용하고 나아가 그들이 느끼는 감정마저도 이해한다. 경청의 본질은 상대방의 입장에서 감정적으로나 지적으로 하나가 되어 집중하고 이해하는 것이다.

칭기즈칸을 다룬 책 《밀레니엄맨》에는 이런 이야기가 나온다.

"나는 배운 게 없어 내 이름도 쓸 줄 몰랐지만, 남의 말에 항상 귀를 기울였다. 그런 내 귀는 나를 현명하게 가르쳤다."

이 말은 경청의 중요성을 잘 보여준다. 그를 현명하게 가르친 것은 눈이나 입이 아니라 귀였음을 감동적으로 전달하고 있다.

삼성그룹 창업주인 이병철 회장 이야기를 통해서도 경청의 중요성을 엿볼 수 있다. 그는 1979년 이건희 회장을 부회장으로 승진시키면서 직접 글자를 써서 주었다고 한다. 그가 아들에게 해주고 싶었던 말은 바로 '傾聽(경청)' 이었다. 오늘날 이건희 회장을 있게 한 좌우명 같은 메시지는 단순하지만 뜻 깊은 하나의 단어였다.

'소통' 을 강의하는 전문가들은 말한다. 소통을 할 때 말로서 전달되는 내용은 생각보다 적으며, 소통의 90퍼센트는 듣는 것이라고. 단, 그들이 말하는 '듣는 것' 은 단순히 소리를 듣는 것이 아니다. 귀로 듣는 것은 물론이고 동시에 눈과 가슴으로 들어야 한다. 그렇게 할 때 바로 감지하고, 직관하고, 느낄 수 있다. 이러한 과정에서 신뢰가 생긴다. 자신의 말을 마음으로 듣고 있는 사람을 어떻게 신뢰하지 않을 수 있겠는가. 누군가와 가까워지고 싶다거나 도움을 주고 싶다면 이제 가슴으로 경청하자.

3 코치는 삶의 예술가

급한 일 때문에 택시를 잡아탔는데 하필 거리가 자동차로 꽉 막혀서 오도 가도 못하는 상황이 되었다. 나도 나지만 택시 기사도 답답한지 작은 틈만 보이면 클랙슨을 울리며 비집고 들어갔다. 이러다가 사고라도 나면 어쩌나 싶어 가슴이 조마조마했다. 우락부락한 인상의 택시 기사의 얼굴에는 누가 봐도 화가 잔뜩 서려 있었다.

이런 불편한 분위기를 조금이라도 바꿔 보고자 기사에게 먼저 말을 걸었다. 그분은 중소기업 부장 출신으로, 30년 넘게 회사에서 근무하다가 명예퇴직을 하고 택시를 시작한 지 7년째라고 했다. 학교를 졸업하고 원래는 건축사가 되고 싶었으나 희망과 달리 설비회사에 입사했으며, 택시 운전을 처음 시작하고 한동안은 직업이 부끄러워 어디 가서 직업을 얘기하지 못했다고 했다. 그러다가 3년 전부터는 굳이 숨길 필요가 없다는 생각이 들어 주변에 털어놓았다는 것이다. 이런저런 얘기를 술술 털어

놓다가 내 눈치를 흘깃 보더니 질문을 던졌다.

"그런데 손님은 뭐 하는 분이세요?"

"왜요, 궁금하세요?"

"제가 처음 만나는 분과 이렇게 속 시원하게 얘기하는 사람이 아닌데……. 다른 사람한테 한 번도 해본 적이 없는 소리를 자연스럽게 꺼내도록 하시는 걸 보니 뭔가 특별한 일을 하는 분 같아서요."

"제 직업은 코치입니다."

"아, 코치셨어요? 겉으로 보기에는 그렇게 보이지 않는데……. 무슨 운동을 가르치는 코치세요?"

택시 기사의 말에 한바탕 웃음을 터뜨렸다. 나는 아무 생각 없이 '코치'라고 말했지만, 코치라고 하면 대부분 운동코치를 떠올릴 것이다.

"저는 운동코치가 아니라 인생 코치입니다. 살다가 힘든 일에 부딪히거나 갈림길에서 고민할 때 도움을 드리는 일을 하죠."

"아, 그럼 상담사랑 비슷한 일을 하시는군요?"

우리나라에서는 아직 코치의 개념이 명확하지 않기 때문에 그와 유사한 직업을 예로 들어 설명했다. 코칭은 카운슬링, 멘토링, 컨설팅, 티칭, 트레이닝과 비슷한 의미를 갖고 있다.

카운슬링은 일반적으로 상담학과 심리학적으로 접근한다. 고객이 문제를 가지고 코치 즉 카운슬러를 찾아가면 대화를 통해 카운슬러가 문제 해결에 필요하다고 판단되는 조언을 한다. 그리고 고객 스스로가 문제를 해결하도록 인격적, 인지적으로 돕는다. 이러한 과정에서 과거의 트라우마나 학대에 대한 상처를 치료하는 데 초점을 둔다. 반면에 코칭은 성장과 변화에 동기를 둔 사람들을 위한 것이라고 할 수 있다.

존경하는 선생님이나 본받고 싶은 분을 말할 때 '멘토'라는 용어를 사용한다. 그분의 경험과 지식을 활용해 충고하고 방향과 의견을 제시하거나 지도한다는 의미로 '멘토링'이라는 용어를 사용하기도 한다. 멘토는 학습자에게 기술과 정보, 안목을 갖도록 하는 데 중점을 두고 있다. 반면 코칭은 개인이 어떻게 성장하고 변화·발전하는지에 대한 원리를 개인 삶의 모든 영역에 적용한다는 차이점이 있다.

컨설팅이란 전문 지식을 가진 사람. 즉 컨설턴트에게 고객이 상담과 자문을 구하는 것이다. 컨설턴트는 상황을 듣고 분석 후 대안과 방안을 제시한다. 또한 행동 방향을 제시하여 인도하는 역할을 한다. 따라서 컨설팅은 특정 분야에 전문 지식을 가진 사람이 비전문가인 고객에게 답과 조언을 제공하는 것에 의미를 둔다. 하지만 코칭은 고객을 전문가로 보고, 그 전문가가 새로운 각도에서 문제를 바라보면서 스스로 해결방안을 찾고 계발하도록 돕는다.

티칭은 지식 전달이 주 목적이고 한쪽은 일방적인 가르침을 주고 상대방은 가르침을 받는 형태를 취한다. 일반적이고 전통적인 티칭의 개념은 정해진 학습 내용을 교실 안 또는 특정 공간에서 전달하거나 혹은 선생님이 학생을 모아놓고 강의를 하는 것이다. 학생들의 수에 따라 강의 형식 또는 질문과 대답 형식을 취하기도 한다. 티칭의 주요 내용이 지식 전달인 것에 반해 코칭의 주요 내용은 인격과 자기발견에 관한 기술을 개발하고 발전시키는 것이다.

트레이닝은 목표를 정해 그것을 달성하기 위해 몸과 마음을 반복하여 훈련함으로써 습관으로 만들어 감각적으로 강화하는 과정이다. 트레이닝도 반복 훈련으로 습관과 감각을 발달시키는 면에서는 코칭과 관련이 있다고 할 수 있으나 코칭은 사람의 몸, 정신, 마음, 그리고 의식과 무의식 영역까지 전체적인 균형을 이루도록 하는 것에 차이가 있다.

이렇듯 코칭은 유사개념들이 추구하는 개인지도와 일방적 교육을 통해 정보 전달이나 해결책을 주는 것과는 사뭇 다르다. 또한 코칭이 수평적인 관계인 반면 다른 것들은 모두 수직적이라는 차이가 있다. 코칭은 특별한 문제를 갖고 있는 사람보다는 비교적 안정된 사람이 슬럼프에 빠졌다가나 보다 큰 비전을 세우고 미래를 향해 앞으로 나아가도록 돕는 일이다. 그리고 코칭은 고객이 주도적으로 앞을 바라보도록 하는 데 주안점을 둔다. 그러므로 코칭은 치유에 관한 것이 아니라 성장에 관한 것이며, 개인과 조직이 목적을 찾고 그 목적을 추구하는 삶을 살도록 도와주는 일이다. 이러한 일을 하는 코치는 고객이 '자기 삶의 주인'이 되도록 안내하는 삶의 예술가다.

5 코칭의 목적

사람의 내면에는 세 가지의 자아가 있다고 한다. 첫 번째는 '내가 아닌 나' 이다. 다시 말해 착각 속에 살고 있는 나를 말한다. 두 번째는 '내가 아는 나' 이다. 내면에 존재하는 다양한 자아 중에서 자신이 알고 있는 부분을 말한다. 그리고 세 번째는 '내가 모르고 있는 나' 이다. '내가 모르고 있는 나' 란 남도 모르고 나도 모르는 자아다. 아직 계발되지 않은, 그래서 자신도 모르고 있지만 '무한한 가능성을 가진 나' 를 말한다. 이렇게 '내가 모르고 있는 나' 를 찾아 '낯설게 바라보기' 를 시도하는 것이 자신의 잠재된 존재를 일깨우는 출발점이자 가장 중요한 연습이다.

변화경영연구소의 대표이사이자 컨설턴트인 구본형 씨는 《익숙한 것과의 결별》이라는 책에서 다음과 같이 말했다.

"내가 되기 위해 나에게는 혁명이 필요했다."

그의 말처럼, 잠재된 자신을 찾는 일은 혁명에 견줄 만큼 매우 절실한 노력이자 경험이다. 결코 쉽지 않으며 무거운 주제이기도 하지만 시도해볼 가치는 충분하다.

만약 세 번째 자아를 찾게 된다면 인생에서 놀라운 결실을 얻을 수 있기 때문이다.

코칭 공부를 시작할 때 가장 강조하는 말이 Being과 Doing이다.

"나는 오늘 어떤 모습으로 존재할 것인가(Being)? 그런 모습으로 존재하기 위해 어떻게 행동할 것인가(Doing)?"

이러한 질문을 스스로에게 끊임없이 하게 된다. 마음만으로 이루어지는 일은 없다. 실천을 통해 뭔가 성과가 발생하고 변화가 일어난다. Being은 존재나 실제를 말하며 회사 또는 가정에서 우리가 지향하는 목적이자 비전 혹은 사명이기도 하다. Doing을 강조하며 늘 실천만을 거듭하는 것은 정체성이나 방향성이 없이 떠도는 난파선과 다를 바 없다.

사람은 누구나 성장에 대한 바람을 갖고 있으며 긍정적인 변화를 위해 노력한다. 이것이 채워질 때 행복하고 또 만족한 삶을 산다. '잘사는 것' 의 핵심은 성장과 변화인 셈이다. 코칭이 추구하는 바가 바로 이 '성장' 과 '긍정적 변화' 다.

나는 '하늘의 뜻을 안다'는 지천명의 나이에 코칭을 만났으며, 스스로 배우고 익혀가면서 가슴 뿌듯한 경험을 누리며 살아가고 있다. 코칭은 성장과 발전에 대한 욕구를 채워주기에 충분한 도구다. 의미를 확장하면, 코칭을 통해 발전한 개인이 그가 속한 조직에도 긍정적인 도움을 주는 것을 궁극의 목적으로 삼는다.

코칭은 "모든 사람은 스스로 완전한 답을 창조할 수 있다"는 철학에서 시작된다. 다시 말해 자신이 안고 있는 문제에 대해 이미 답을 알고 있다는 뜻이다. 하지만 자신이 그 해답을 알고 있다는 사실을 모르는 데 맹점이 있다. 코치는 고객이 자신 안에서 답을 찾을 수 있도록 도와주는 역할을 하는 사람이다.

같은 주파수나 에너지가 서로 공명한다는 사실은 이미 잘 알려진 이야기다. 사람도 이 공명의 법칙에서 예외는 아니다. 존경하는 위인이 누구냐는 질문에 어떤 사람은 자신의 부모님을 손꼽고, 누구는 이순신 장군이나 세종대왕을 손꼽고, 누군가는 슈바이처나 퀴리부인을 손꼽는다.

그 많은 위인 중에 유독 마음이 끌리고 닮고 싶다는 생각이 드는 사람이 있다. 신기한 일은, 그 사람과 자신의 주파수 혹은 에너지가 묘하게 공명한다는 점이다. 자신 안에 존재하는 아직 계발되지 않은 자아가 위인을 닮고자 하는 열망과 가능성을 안고 있는지도 모르는 일이다. 내면에서 일어나는 에너지를 살펴보면 자신이 추구하는 발전 방향이 서서히 모습을 드러낼 것이다.

자신이 진정으로 원하는 것이 무엇인가? 앞으로 자신의 일터와 가정에서 어떤 사람이 되기를 원하는가? 그것이 명확해야만 앞으로 어떤 사람으로 성장할지 방향을 잡을 수 있다. Being을 먼저 정한 뒤 Doing 하는 게 맞다. 점심 때 무얼 먹을까 고민하면서 아침을 시작하지 말고, 자신의 Being과 Doing을 질문하며 아침을 열어갔으면 하는 바람이다.

5 인정하기

일본에서 75년 동안 분필을 만들어온 일본이화학공업. 그 회사의 앞마당에 있는 조각상에는 이런 글귀가 쓰여 있다.

현인(賢人)은 인간의 궁극적인 행복을
- 사람에게서 사랑받는 것
- 사람에게서 칭찬 받는 것
- 사람에게 도움이 되는 것
- 사람에게 필요한 존재가 되는 것
이렇게 네 가지라고 말했다.
일을 통해 사랑 이외의 세 가지 행복을 얻는다고 했다.
그러나 나는 그 사랑마저도 얻을 수 있다고 생각한다.

- 회장 오야마 야스히로

이 회사가 유명한 이유는 일본분필 시장의 30퍼센트를 차지하고 있다는 것 외에 직원 중 70퍼센트가 지적장애인이라는 사실 때문이다. 이 공장이 처음부터 지적장애인을 직원으로 채용한 건 아니었다. 그러나 우연한 기회에 채용한 두 명의 장애인이 밥 먹는 것까지도 잊은 채 일에 집중하는 모습을 보고 다른 직원들이 감동을 받았다. 동료 직원들의 적극적인 지지와 도움으로 장애인의 수가 차츰 늘어나면서 현재에 이르게 된 것이다.

편견을 가진 사람들은, 장애인이 만든 것이다 보니 제품에 하자가 있는 것은 아니냐며 제품 구매를 꺼렸다. 하지만 이들이 만든 제품은 깐깐한 일본 표준 규격을 합격하고 시장점유율 1위를 차지하고 있다.

살아오면서 변변한 직업을 갖고 일을 하거나 칭찬 들을 기회가 적었던 지적장애인들이 "잘했어!", "열심히 했어!"라는 칭찬을 받고 "고마워" 하는 인사를 들었을 때 그들의 기분이 어땠을까? "네 덕분이 일이 수월했어", "큰 도움이 되었어" 하는 말을 들을 때 그들은 자신의 존재감을 확인할 수 있었다. 누군가에게 폐를 끼치는 사람, 누군가로부터 도움이 필요한 사람이 아니라 사랑 받고, 칭찬 받고, 다른 사람에게 도움이 되며 꼭 필요한 존재임을 느낄 때 그들의 얼굴에 웃음이 퍼지고 눈에서 빛이 났다.

일을 하기 전 그들은 사회에 아무런 기여도 못하는 존재로 하루하루를 무의미하게 살았을 것이다. 그런데 회사에서 그들의 능력을 인정해주자 엄청난 잠재력이 폭발했다. 비록 단순한 일이지만 자신이 일한 업적을 평가 받고, 그로 인해 수입도 얻으며, 살아가는 기쁨을 맛볼 수 있었다. 그러면서 자존감이 높아졌다. '사람은 인정받기 위해 태어났다' 고 하는 말이 진가를 발휘하는 순간이었다.

코칭의 핵심기술 중에 '인정하기' 라는 것이 있다. '인정하기' 는 다른 삶의 가치를 바르게 평가해 주는 것이다. 또한 코칭에서 인정하기는 고객이 이미 알고 있으나 미처 떠올리지 못하는 것을 상기시켜 준다. 고객을 고객 자신의 무한한 에너지와 힘의 원천에 연결시킴으로써 고객이 최고의 능력을 발휘하게 하는 과정이다. 또한 인정은 행동을 불러일으키는 촉매제가 된다. 사람의 가치를 인정해주는 말과 행동으로 이렇듯 놀라운 열매를 맺을 수 있다.

미국 영화 〈Door to Door〉는 다큐멘터리 영화로, 주인공은 장애가 있는 세일즈맨 '빌포터' 다. 어릴 적 뇌성마비를 앓은 빌포터는 오른손을 사용하지 못했으며, 굽은 등은 늘 아팠고, 말은 어눌했다. 그러나 어머니의 사랑과 인정에 힘입어 생활용품회사인 왓킨스 사에 방문판매원으로 입사를 하게 되었다. 얼마 하지 못하고 그만둘 거라는 주변의 우려와 달리 빌포터는 매일 여덟 시간, 15km씩 꼬박 걸으며 100여 곳의 대문을 두드렸다. 그 결과 254년의 역사를 간직한 왓킨스 사에서 역대 최고의 판매왕이 되었고 지금까지도 그 기록은 깨지지 않았다.

중대한 결정만이 삶을 변화시키는 것은 아니다. 사실 우리 삶의 변화는 하루하루 이어지는 사소한 결정에서 비롯된다. 조직 내에서 기획안을 들고 온 부하직원에게 '김 대리, 참 대단해. 역시 김대리야' 하고 던진 말 한마디, 학교에서 돌아온 아이를 꼬옥 안아주면서 '사랑해. 이렇게 착하고 예쁜 천사가 내 딸이라니 하느님께 감사할 일이야' 하고 건넨 말 한 마디가 삶을 변화시킨다. 친구에게 전화 한 통 걸고, 요청하든 요청하지 않든 누군가를 돕기 위해 불편을 감수하는 행동은 삶에 큰 변화를 가져다 준다.

인정은 칭찬과 다르다. 칭찬은 행동이나 선택에 찬사를 보내는 것인 반면, 인정은 다른 사람의 가치를 바르게 평가해 주는 것이다. 사람들로 하여금 자신이 인정받고 있음을 알게 하는 가장 쉬운 방법이 바로 칭찬이다.

누구에게나 그 사람만의 개성과 빛깔이 있다. 무한한 가능성과 잠재력을 품고 있다. 그것을 찾아내서 물을 주고 꽃 피게 도와주는 사람이 코치다. 그런 사람과의 좋은 만남, 복된 만남이 한 사람의 인생을 바꾸고 세상을 바꾼다.

맺음말

김경섭 박사(한국리더십센터)의 코칭 수업 중에 시간관리는 행복하기 위해서 하는 것이 아니라 지금보다 더욱 충만한 삶을 살기 위해서 하는 것이다.

충만한 삶이란 자신의 가치관과 사명대로 사는 삶을 말한다. 자신의 가치관에 대해 감찰하고 성찰하며, 사명을 발견하고 이를 삶에 투영한다면 충만한 삶을 살 수 있을 것이다. 여러분의 삶을 충만하게 하는 것은 무엇인가?

'나를 만든 것은 7할이 바람이었다' 는 시인이 있는데, 필자를 만든 것은 책과 영성 수련, 그리고 함께하는 직원들이다. 내가 책을 만나지 못했다면, 아울러 영성 수련을 하지 않았다면 지금의 나는 더욱 없었을 것이다. 또한 지방에 내려와 직원들을 만난 덕분이다. 내가 직원들을 만나게 된 것은 어쩌면 오랫동안 준비된 하나의 기적이라고 생각 한다. 충만한 삶을 살려는 나의 간절한 꿈과 소망이 낳은 기적이기도 하다.

대부분의 사람들은 자기가 속한 사회나 조직에 무엇인가 의미 있는 존재가 되고 싶어 하고, 가치 있는 결과를 남기고자 한다. 27년의 조직 생활을 되돌아보며 얻은 것은 무엇이며 여기서 이룬 일 중에 가장 가치 있는 일은 무엇이었을까를 생각해 보았다. 아마도 직원들이 신나게 일할 수 있는 직장 분위기를 만들어 회사에 오랫동안 기여할 수 있도록 성과를 내고, 직원들이 따르고 싶어 하는 리더십의 표본으로 기억 되어지는 것이 아닐까 생각한다.

케빈 로버츠(사치&사치 CEO)는 "21세기에 조직은 사람들의 힘을 불러 일으켜 최고의 성과를 달성해야 한다. 사람들을 리드하거나 관리하는 것이 아니라 사람들에게 영감을 줌으로써 그렇게 해야 한다."라고 말했다. 영감을 준다는 것은 코칭을 한다는 것이다. 코칭은 "모든 사람은 스스로가 모든 자원과 능력을 가지고 있으며, 다만 그것을 발휘하기 위해 누군가의 도움이 필요할 뿐이다."라는 철학을 바탕으로 개인과 조직이 목적을 찾고, 그 목적을 추구하는 삶을 살도록 도와주는 것이다.

'왜 안 되는가? 문제가 무엇인가? 하는 과거 지향적 질문이 아니라 해결책은 무엇인가? 어떻게 하면 더 잘할 수 있을까? 지금 바로 할 수 있는 것은 무엇인가?' 등의 해결 중심 질문을 통해 자신의 가능성을 극대화 시키는 것이다. 답을 주기 보다는 스스로 답을 찾고 능력을 계발하도록 해결 중심의 질문을 반복한다. 스스로 일하도록 자극하고 도와줘 할 수 있다고 믿고, 격려하는 대화를 통해 지금까지와는 전혀 다른 결과를 만들어 내는 것이다.

타인의 삶에 영향력을 행사한다는 것은 결코 쉬운 일이 아니다. 나 스스로 고요하고 맑은 마음을 갖는 계기를 갖고 또한 부서장으로서 직원들과 잘 소통하기 위해코칭 공부를 시작했다. 코치 자격증을 취득하고, 코칭을 통해서 마음뿐만 아니라 몸도 건강해지는 직원들을 바라보게 되었다. 무의식 속에 있던 부정적인 감정이 처리되고 의식의 전환이 일어나면서 자연스럽게 자신을 억압하던 잘못된 신념과 습관들이 코칭과정에서 제거되면서 마음이 편안 해지고 건강이 회복된다는 사실을 경험 하였다.

이렇듯 직원들의 긍정적인 변화과정을 함께 하면서, 지속적으로 코칭 공부를 하면서, 나의 가슴에 작은 불씨 하나가 피어올라 왔다. 내가 원하는 삶의 목적은 "사람들에게 긍정적인 삶의 열정과 에너지를 공급하는 디자이너가 되는 것" 이라고 '삶의 목적' 을 정의하게 되었다. 만약 내가 한 사람의 가슴앓이를 멈추게 할 수 있다면 나는 헛되이 사는 것이 아니다. 만약 내가 누군가의 아픔을 쓰다듬어 줄 수 있다면, 혹은 고통 하나를 가라앉힐 수 있다면 나는 헛되이 사는 것이 아니다.

이러한 삶이 얼마나 행복한지 모른다. 얼마나 감사한지 모른다. 나에게 이런 삶을 살게 허락해 주시다니, 이런 역할을 주시다니, 이런 귀한 인연을 주시다니, 코칭 고객들과 함께하는 매일 매일이 나에게는 더 없는 축복이며 감사함이며 선물이며 고객 한 명, 한 명 모두 다 한편의 시(詩)이고, 그림이며 음악이다. 이런 내가 참 좋다.

내가 코칭을 통해 만족할 만한 결과를 얻고 강사로서, 필자로서 다시 설 수 있었던 것처럼, 이 책을 읽는 독자들도 자신 안에 잠재되어 있는 엄청난 존재를 재발견할 수 있기를 바란다.

기우정의 善

코칭 아카데미를 소개합니다

코칭은 기술이 아니라 마음입니다

코칭은 새롭게 대두되는 이 시대의 화두입니다.

리더들은 코칭에 관심을 가져야 한다고 요구하고 있다.

맡은 바 개인과 조직의 성과 향상을 위한 최고의 코치가 되는 법을 만나보자.

학습목표

- 잠들어 있는 나를 발견(Discovery)하다.
- 상대방의 마음을 움직이는 감성 소통법
- 언어를 뛰어넘어 사진을 통한 새로운 아티스트 방식의 소통과 감성 공감력 향상
- 나는 나를 코칭한다.

코칭프로그램

리더십 과정 1

구 분	학습내용	비 고
나를 바라본다	- 나는 누구인가? - 긍정자원 발견하기 (가치관 찾기) - 내 삶의 수레바퀴(성취도와 균형도)	진단 피드백
감성소통법	- 커뮤니케이션의 구조 이해 - 소통의 기술 습득 - 다름의 인정 - 현업과 가정에서의 소통 역량 배양	실습 피드백
Self-Coaching	- 나는 나를 코칭한다 - 코칭의 9단계 - 나는 발전한다. 고로 존재한다 - 최고의 코치는 자신이다.	실습 피드백
삶의 예술가	- 폰카에 담긴 나의 흔적들 - 사진 속에서 진정한 나를 발견하다 - 나는 무엇을 남길 것인가?	실전 경험 습득 피드백

리더십 과정 2

구 분	학습내용	비 고
코칭 리더십	- 코칭의 이해(개념 및 철학) - 리더의 자기 발견(Self-Awareness) - 코칭 리더십 배경과 기대효과	진단 피드백
코칭 스킬	- 스킬보다 태도와 진정성 - 경청, 질문, 인정, 피드백	실습 피드백
코칭 Process	- 구조화된 코칭대화 Process 활용 - 코칭의 대화 모델 및 코칭과 성과	실습 피드백
코칭 활용	- 직무현장에서 코칭 활용 방안 도출 - 회사와 개인의 삶에서의 코칭 활용안	실전 경험 습득 피드백

어떻게 진행되나요

- 공개강좌 : 그룹 또는 조직을 이끌 수 있는 강좌
  기간 : 1일 3시간
- 개인코칭 : 코칭의 핵심을 찾고, 깨닫고 싶은 사람(1대1코칭)
  기간 : 2주/1회씩 기본 4회 이상 *개인 양성 과정
- 기업코칭 : 개인을 넘어 기업 구성원들의 조직을 탈바꿈 하는 과정
  기간 : 1박2일 집중 교육*후속 교육 10회
- 기업컨설팅:회사내에 코칭경영을 도입하고자 하는 기업
  기간 : 6~12개월 과정, 월 2회 진행

기우정코치는 개인과 조직의 성과를 높이기 위한 '현장위주'의 실제적 방법론을 토대로 강의 활동, 기업코칭, 개인코칭, 기업컨설팅 등의 활동을 하고 있다. 코칭을 통한 변화된 조직, 맡은바 직무를 탁월하게 수행하여 다른 사람들을 이끌어 줄수 있는 리더와 매니저들에게 도움이 될 수 있는 코칭을 구축하고 있다.

책을 구매하신 분에 한하여 수강료10% 할인 혜택을 드립니다

교육문의 : landsky99@naver.com
연락처 : 010-5331-0283

기우정의 善 코칭 아카데미

코칭 현장

위풍당당하게 강연을 하고계신 고객서비스 운영부문의 기우정

Talent Champions, 1st Facilitator
Workshop May 16, 2014

CJ텔레닉스와 함께하는 소통 워크샵

CJ텔레닉스와 함께하는 두번째 소통워크샵

소통워크샵
꽃보다 꿈

헤매고 넘어지고 뒤집기

초판 1쇄 인쇄 2015년 06월 02일
1쇄 발행 2015년 06월 10일

지은이 기우정
발행인 이용길
발행처 MOABOOKS 모아북스

관리 정윤
디자인 이룸

출판등록번호 제 10-1857호
등록일자 1999. 11. 15
등록된 곳 경기도 고양시 일산동구 호수로(백석동) 358-25 동문타워 2차 519호
대표 전화 0505-627-9784
팩스 031-902-5236
홈페이지 www.moabooks.com
이메일 moabooks@hanmail.net
ISBN 979 -11- 86165 - 92 - 8 03320

MOABOOKS 모아북스 는 독자 여러분의 다양한 원고를 기다리고 있습니다.
(보내실 곳 : moabooks@hanmail.net)